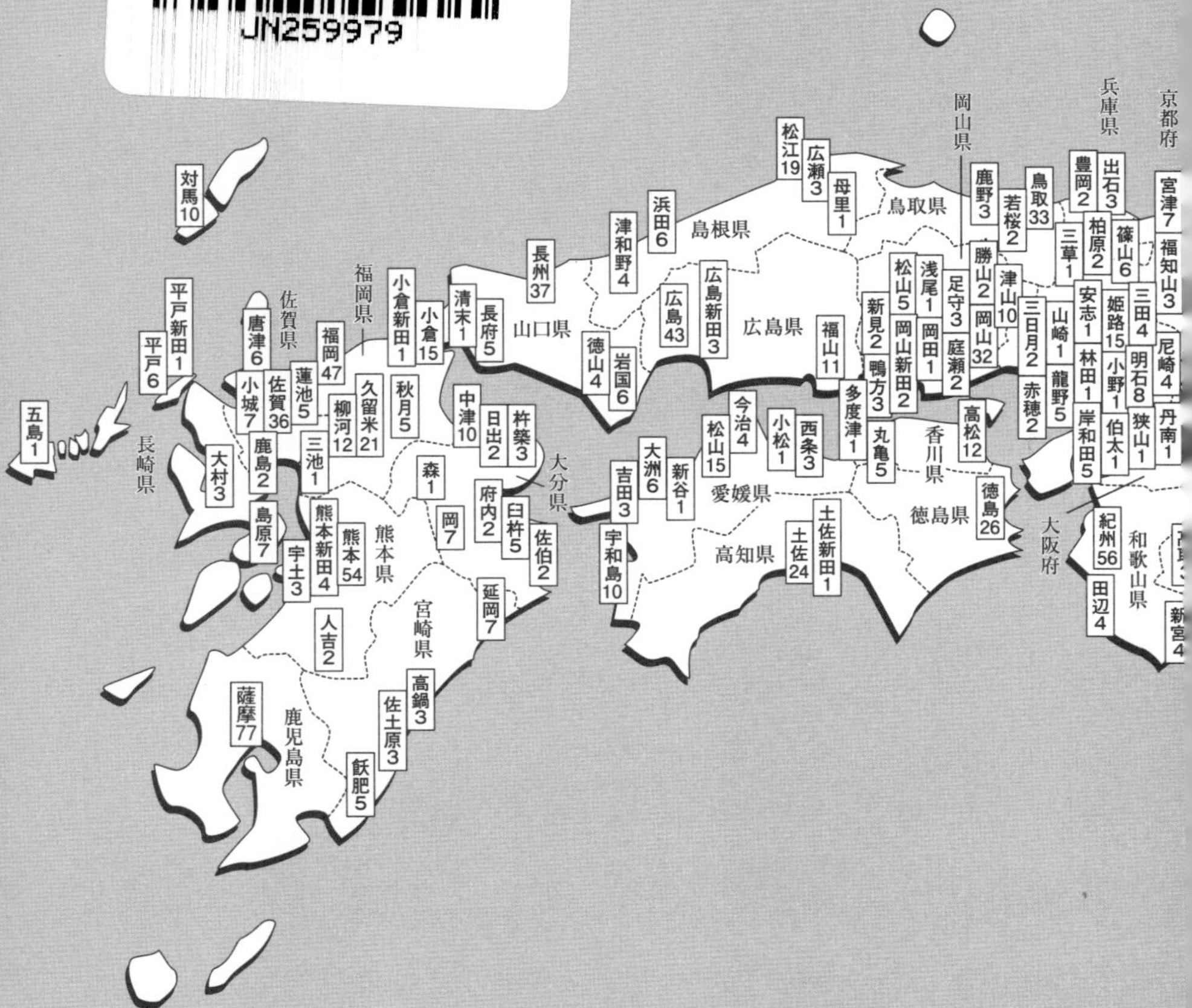

対馬10
平戸新田1
平戸6
五島1
長崎県
佐賀県
唐津6
小城7
佐賀36
蓮池5
鹿島2
大村3
島原7
福岡県
福岡47
柳河12
久留米21
三池1
小倉新田1
秋月5
小倉15
清末1
長府5
長州37
山口県
中津10
日出2
杵築3
大分県
森1
府内2
臼杵5
岡7
佐伯2
延岡7
熊本新田4
熊本54
熊本県
宇土3
人吉2
宮崎県
高鍋3
佐土原3
飫肥5
薩摩77
鹿児島県
津和野4
浜田6
島根県
徳山4
岩国6
広島43
広島新田3
広島県
松江19
広瀬3
母里1
鳥取県
福山11
吉田3
大洲6
新谷1
宇和島10
松山15
今治4
愛媛県
小松1
西条3
高知県
土佐24
土佐新田1
多度津1
丸亀5
香川県
高松12
徳島県
徳島26
岡山県
鹿野3
新見2
鴨方3
松山5
浅尾1
岡山新田2
岡田1
足守3
勝山2
庭瀬2
岡山32
津山10
若桜2
鳥取33
三日月2
赤穂2
山崎1
龍野5
三草1
安志1
林田1
岸和田5
大阪府
兵庫県
豊岡2
出石3
柏原2
篠山6
姫路15
小野1
伯太1
明石8
三田4
狭山1
京都府
宮津7
福知山3
尼崎4
丹南1
紀州56
和歌山県
田辺4
新宮4

シリーズ藩物語

松代藩

田中博文……著

現代書館

プロローグ

松代藩物語

松代藩真田氏十万石は信州最大の藩であった。

真田氏といってまず思い出すのは幸村（信繁）であるが、初代の信之はその兄に当たる。関ヶ原の戦いにおいて信之は、父昌幸、弟信繁と袂を分かち、徳川方についた。昌幸と信繁は上田城で、徳川秀忠の大軍を必死に食い止めたが、戦いは徳川方の勝利に終わる。信之が徳川についたため真田氏は大名の地位を保ち、明治維新までその名を残したのである。

元和八年（一六二二）に真田信之が上田から入り、松代藩真田氏の時代は始まる。しかし、信之の時代に潤沢にあった蓄財は、執拗に幕府より課せられる普請と度重なる自然災害でたちまちのうちに底をつき、窮乏化する。松代藩の歴史はある意味で、そんなどん底の経済を救うための財政再建の歴史でもあった。その代表が六代幸弘の時代に勝手方家老をつとめた恩田《おんだ》木工《もく》民親《たみちか》である。

恩田木工の事績は『日暮硯《ひぐらしすずり》』に詳しいが、その根本的な姿勢は「虚言申すまじ」、つまり嘘をつかないということであった。木工は

藩という公国

江戸時代、日本には千に近い独立公国があった

江戸時代。徳川将軍家の下に、全国に三百諸侯《しょこう》★の大名家があった。ほかに寺領や社領、知行所《ちぎょうしょ》★をもつ旗本領《はたもとりょう》などを加えると数え切れないほどの独立公国があった。そのうち諸侯を何々家《け》家中《かちゅう》と称していた。家中は主君を中心に家臣が忠誠を誓い、強い連帯感で結びついていた。家臣の下には足軽《あしがる》層《そう》★がおり、全体の軍事力の維持と領民の統制をしていたのである。その家中を藩と後世の史家は呼んだ。

江戸時代に何々藩と公称することはまれで、明治以降の使用が多い。それは近代からみた江戸時代の大名の領域や支配機構を総称する歴史用語として使われた。その独立公国たる藩にはそれぞれ個性的な藩風《はんぷう》と自立した政治・経済・文化があった。幕藩体制とは歴史学者伊東《いとう》多三郎《たさぶろう》★氏の視点だが、まさに将軍家の諸侯の統制と各藩の地方分権が巧く組み合わされていた、連邦でもない奇妙な封建的国家体制であった。

今日に生き続ける藩意識

明治維新から百四十年以上経っているのに、今

自らにその戒めを課すことで、民百姓との信頼関係を築き、それによって藩の財政を救おうとした。その成果は木工存命中にはあらわれなかったが、彼の死後、後継者たちによって実を結ぶのである。

文政六年（一八二三）、八代目の藩主に就いた幸貫は幕府老中として寛政の改革をすすめた松平定信の二男である。外様ではありながら老中を拝命し、外国の脅威が迫り来る時代に海防掛として力を発揮した。その幸貫に見いだされたのが佐久間象山であった。象山は外国と対等にわたりあうために洋学を学ぶ。やがてその知識は江湖の認めるところとなり、勝海舟をはじめ多くの弟子を教えるようになるが、ペリー艦隊の来航の際、密航を企てた弟子吉田松陰の罪に連座して国元に蟄居《ちっきょ》の身となる。許された後は一橋慶喜《よしのぶ》の招きで上洛し、公武合体のために奔走するが、攘夷派の河上彦斎《げんさい》によって暗殺されてしまう。

象山死後の松代藩は中央の政界では活躍することができずにいたが、大政奉還に際してはいち早く勤皇の意思を鮮明にし、戊辰の戦役では信濃一〇藩の触頭《ふれがしら》として各地に転戦した。

明治にいたっては経済的な繁栄を長野に奪われたが、その文武の伝統は脈々と受け継がれ、各分野の草分け的な指導者が輩出した。

でも日本人に藩意識があるのはなぜだろうか。明治四年(一八七一)七月、明治新政府は廃藩置県《はいはんちけん》★を断行した。県を置いて、支配機構を変革し、今までの藩意識を改めようとしたのである。ところが、今でも、「あの人は薩摩藩の出身だ」とか、「我らは会津藩の出身だ」と言う。それは侍出身だけでなく、藩領出身も指しており、藩意識が県民意識をうわまわっているところさえある。むしろ、今でも藩対抗の意識が地方の歴史文化を動かしている。そう考えると、江戸時代に育まれた藩民意識が現代人にどのような影響を与え続けているのかを考える必要があるだろう。それは地方に住む人々の運命共同体としての藩の理性が今でも生きている証拠ではないかと思う。

藩の理性は、藩風とか、藩是《はんぜ》とか、ひいては藩主の家風ともいうべき家訓などで表されていた。

〔稲川明雄（本シリーズ『長岡藩』筆者）〕

諸侯▼江戸時代の大名。
知行所▼江戸時代の旗本が知行として与えられた土地。
足軽層▼足軽・中間・小者など。
伊東多三郎▼近世藩政史研究家。東京大学史料編纂所所長を務めた。
廃藩置県▼藩体制を解体する明治政府の政治改革。廃藩により全国は三府三〇二県となった。同年末には統廃合により三府七二県となった。

シリーズ藩物語

松代藩

目次

これも松代

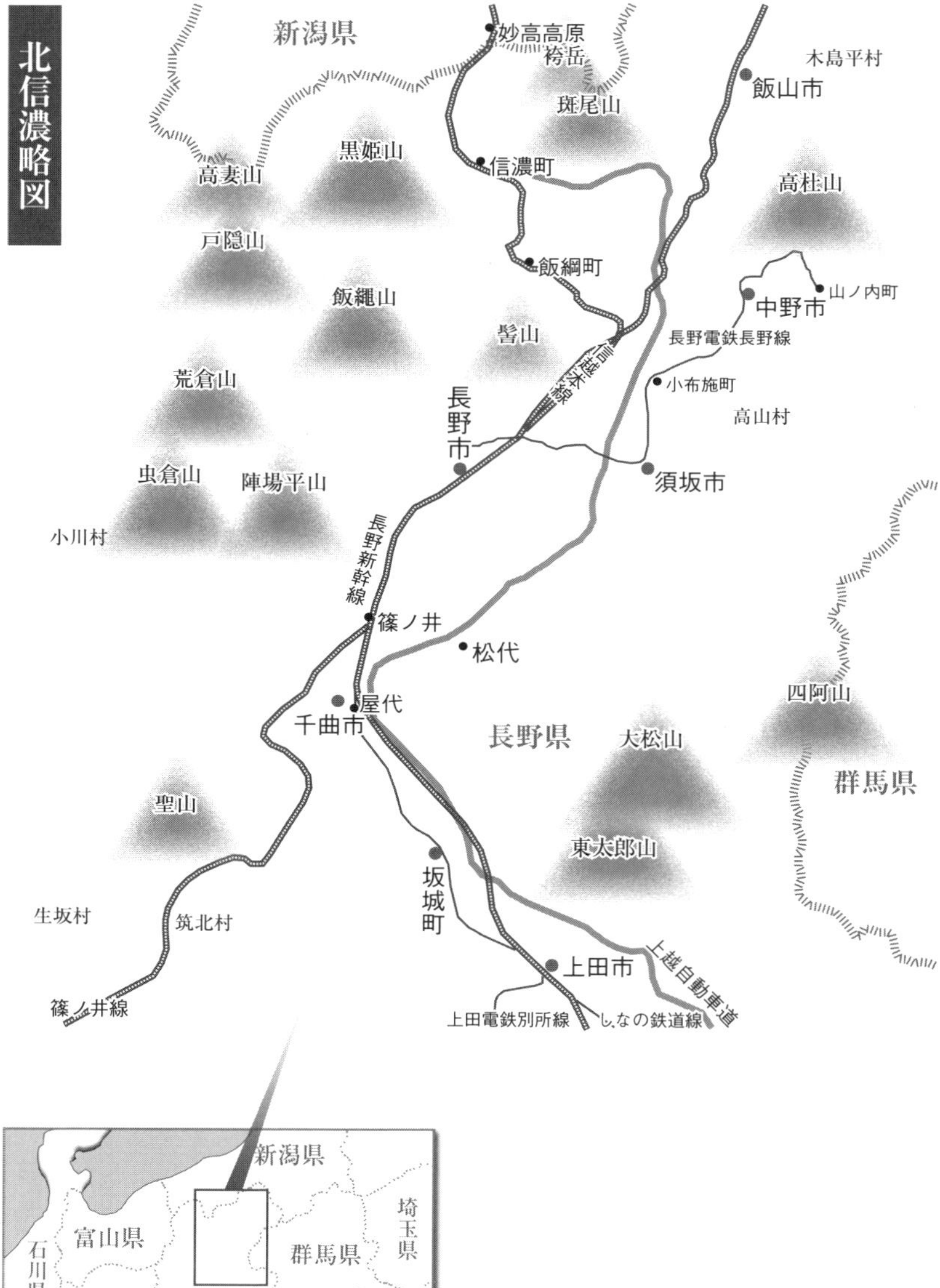
新潟県
妙高高原
袴岳
斑尾山
木島平村
飯山市
黒姫山
信濃町
高妻山
高杜山
戸隠山
飯綱町
山ノ内町
中野市
飯縄山
髻山
長野電鉄長野線
信越本線
荒倉山
小布施町
長野市
高山村
須坂市
虫倉山
陣場平山
小川村
長野新幹線
篠ノ井
松代
四阿山
屋代
千曲市
長野県
大松山
群馬県
聖山
東太郎山
坂城町
生坂村
筑北村
上越自動車道
上田市
篠ノ井線
上田電鉄別所線
しなの鉄道線
新潟県
石川県
富山県
長野県
群馬県
埼玉県
埼玉県
岐阜県
山梨県
東京都
神奈川県
愛知県
静岡県

北信濃略図

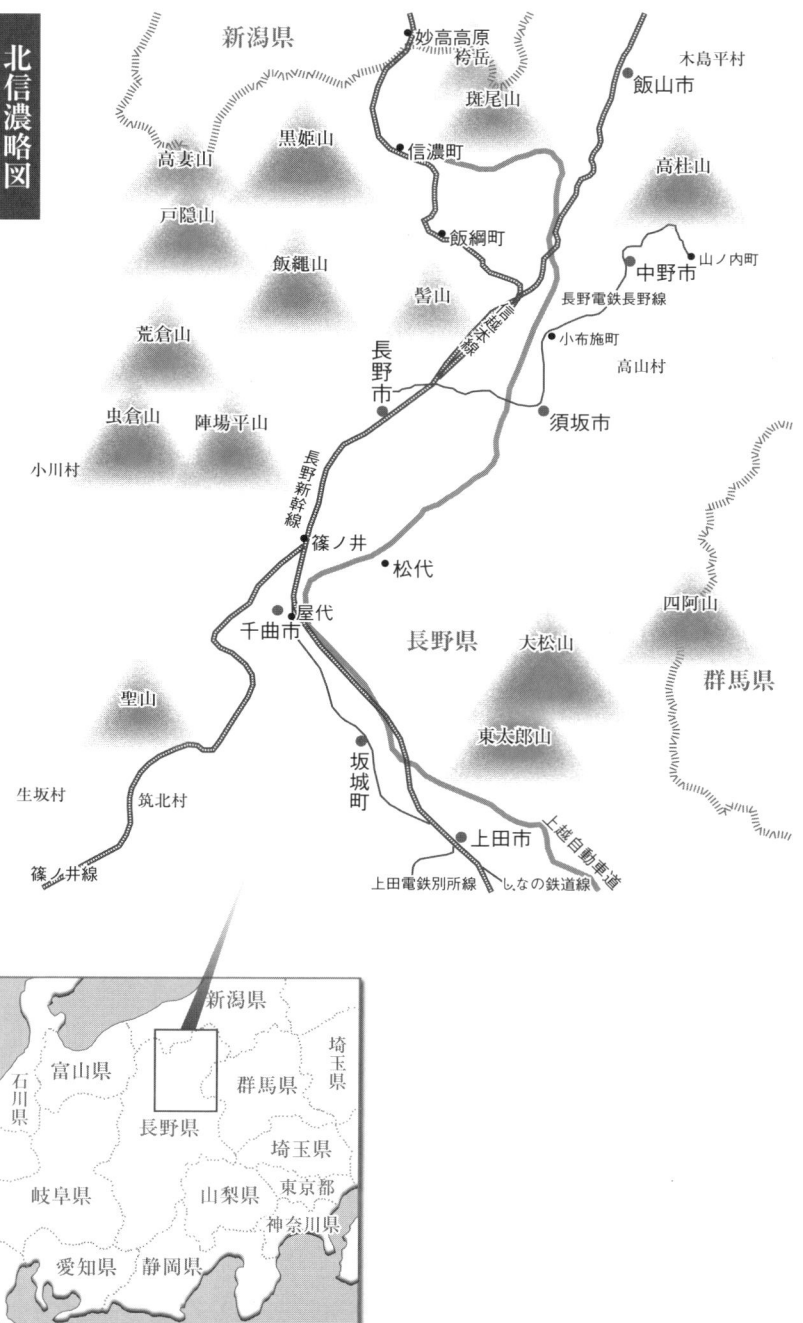

第一章　松代藩前史　川中島の戦いと海津城の築城

川中島の戦い後、この地はめまぐるしく領主を変える。

1 川中島の戦い

甲斐の武田信玄と越後の上杉謙信が雌雄を決した信州川中島、その一角である千曲川のほとり松代の地に海津城は築かれた。ここを根拠地に、信玄は北信濃の経営に乗り出す。

海津城はいつ築かれたか

甲斐・武蔵・信濃の三国にまたがる甲武信ヶ岳《こぶしがたけ》★に源を発する千曲川《ちくま》は、佐久・上田を経て川中島平に入る。ここで北アルプスから流れてきた犀川《さいがわ》と合流するのだが、その合流点近く、千曲川の畔《ほとり》に松代城下町はある。

戦国の武将武田信玄は、この三方を山に囲まれ、西側を千曲川の流れが洗う天然の要害ともいうべき松代の地に海津城《かいづじょう》を築いた。川中島平を支配する根拠地をここに求めたのである。

松代は古くは英多《あがた》の荘★と呼ばれていた。海津の城名のいわれは不明であるが、『甲越信戦録』は「海なき国に海の字を用ゆること不審也」としながらも、次のように説明している。太古の昔、高井《たかい》・水内《みのち》・小県《ちいさがた》・埴科《はにしな》・更級《さらしな》の五郡は入り

▼甲武信ヶ岳
山梨県・埼玉県・長野県の三県の境にある標高二四七五メートルの山。千曲川、荒川、笛吹川の水源の地。

▼英多の荘
元永・保安年間(一一一八〜一二四)には関白藤原忠実の所領であった。英多の荘には松井(現・松代町清野)・平林屋敷(現・松代町豊栄平林)・桑井(くわのい)屋敷(現・松代町豊栄桑根井)・東条(現・松代町東条)が含まれていた。

海であった。貝の化石が多数出土することでもそれはわかる。また、この地方には海野・塩尻・塩田など海に関係する地名も多数残っている。それ故、海津の地名も不審ではない。

慶長五年（一六〇〇）に北信濃四郡の領主となって海津城に入った森忠政《もりただまさ》は、城の名を「待城《まつしろ》」と改めた。以前にこの地方を治めていた兄長可《ながよし》は、主君織田信長の死により、この地を去らざるを得なかった。その雪辱を晴らした思いを「待城」の名に込めたというのである。その後、ここを治めた松平忠輝《まつだいらただてる》は、松平に因んで「松城」と改めた。「松代」の名が初めて用いられるのは藩主松平忠昌《まつだいらただまさ》の時代になってからである。

この地に海津城、のちの松代城が築かれたのは、『甲陽軍鑑《こうようぐんかん》』によれば天文二十二年（一五五三）のことであるという。八月吉日に、清野氏の屋敷を召し上げて、山本勘助に縄張りをさせて築城した。城は海津城と名付け、本城には小山田備中守虎満を城代としておいた。★

天文二十二年八月といえば、第二回目の川中島の戦いの前である。地元の豪族（国人）であった清野《きよの》氏の屋敷を取り上げ、山本勘助（勘介とも書かれるが、本書では勘助に統一する）に縄張りをさせて、海津城を築いたとあるのだが、この築城時期をめぐっては異論がある。郷土史家の小林計一郎は、第四回目の川中島の戦いの前年、永禄三年（一五六〇）に完成したとしており、多くの史家もだい

▼原文
「天文二十二年丑の八月吉日に、川中嶋の内、清野殿屋敷を召し上げられ、山本勘介道鬼に縄張りをさせなされ、かいづの城と名付、本城に小山田後の備中、二のくるわに市川梅印、原与左衛門指をかるる」

たいその頃としている。

さて、この松代城を中核とした松代藩の歴史を記述するにあたって、海津城が築かれた武田信玄の時代から筆を起こすことにしたい。武田・上杉が雌雄を決した「川中島の戦い」の時代である。

信玄、上田原で村上義清に敗れる

甲斐の武田信玄（信玄は出家した後の名だが、本書では信玄に統一する）が南信濃・東信濃を制圧し、北信濃への進攻をはじめたのは天文十七年（一五四八）のことであった。二月、信玄は上田原（現・上田市）に陣し、北信濃最強の武将村上義清★に対した。

村上氏は、清和源氏の流れをくむ豪族で、千曲川左岸の村上郷（現・埴科郡坂城町）を本拠にして北信濃に勢力を伸ばしていた。応永七年（一四〇〇）の大塔合《おおとう》戦★では北・東信濃の在地豪族（国人層）を糾合し、守護であった小笠原氏を破ってその力を蓄えた。その後、勢力を更級・埴科・水内・高井と北信濃に拡大した。上田原で武田信玄と対峙した時の当主は村上義清であった。

戦いは地の利を知り尽くした村上軍の有利のうちに展開し、ついには武田軍を

▼村上義清
一五〇一～一五七三。戦国時代、北信濃の武将。葛尾城（埴科郡坂城町）を居城とし、上田原・戸石城と二度にわたり武田信玄の侵攻を食い止めている。しかし、天文二十二年には防ぎきれずに越後の上杉謙信に助けを求める。これが川中島の戦いの導火線となった。川中島の戦いでは謙信の家臣として参戦している。

▼大塔合戦
応永七年（一四〇〇）に信濃守護小笠原長秀と有力国人衆（大文字一揆）の間の合戦。この戦いで小笠原長秀は大敗し、これ以後、信濃国は中小の有力国人領主たちが割拠する時代が続いた。

敗走させた。この戦いで、武田方は板垣信方《いたがきのぶかた》、甘利虎泰《あまりとらやす》といった有力武将を戦死させ、信玄も傷を負った。武田方の大敗であった。

村上義清との戦いに敗れ、一度は後退を余儀なくされた信玄であったが、この年の七月、守護小笠原長時の軍勢を塩尻峠の戦いに破り、再び勢いを盛り返した。天文十九年、府中（現・松本市）をほぼ手中にした信玄は、戸石《とい》（砥石とも記されるが本書では戸石に統一する）城に村上義清を攻めた。戸石城は小県地方における村上氏の戦略拠点で、ここを攻め落とさなければ村上氏の本拠である葛尾《かつらお》城（現・埴科郡坂城町）に迫ることはできなかった。

八月二十九日、信玄は麓に陣をしき、九月九日に総攻撃をかけた。しかし、二十日間に及ぶ激しい攻撃にも城は落ちなかった。戸石城は東は神川《かんがわ》にのぞみ、西側も峻険な崖になっており、天然の要害ともいうべき城であった。

ほぼ一カ月の攻防は一進一退で、結局、信玄は戸石城を攻め落とすことができなかった。九月晦日、信玄は軍議を開き撤退を決めた。翌十月一日、退却する武田軍に村上軍が猛攻撃をかけた。この退却戦で武田軍は多くの武将を失った。世にいう「戸石崩れ」である。

信玄が一月かけても落とせなかった戸石城であったが、翌年五月、真田幸隆《ゆきたか》（幸綱ともいうが、本書では幸隆で統一する）によってあっさりと落とされた。『高白斎記《こうはくさいき》★』に「五月大朔日戊子二十六日節、砥石城真田乗ツ取ル」と書かれて

板垣信方の墓（上田原古戦場）

戸石城

▼『高白斎記』
明応七年（一四九八）から天文二十二年（一五五三）までの武田氏の事蹟を記録したもの。作者は高白斎駒井政武であるとされている。「川中島の戦い」以前の武田氏の動向を知る貴重な資料である。

いるだけでその詳細はわからない。村上軍に内応する者をつくった幸隆の作戦が功を奏したためといわれている。

川中島の戦い

この戸石城の攻略を境に武田と村上の勢いは逆転した。天文二十二年（一五五三）四月六日、武田軍は村上義清の本拠である葛尾城を攻めたが、義清は戦うことなく越後の上杉謙信（信玄と同様、本書では上杉謙信で統一する）を頼って落ち延びていった。

村上義清は、北信濃の豪族井上・須田・島津・栗田といった諸氏とともに上杉謙信に助けを求めた。謙信はこれら北信濃の豪族たちの求めに応ずるという形で、川中島に進攻してきた。

弘治三年（一五五七）正月、更級郡にある八幡宮（現・千曲市の武水別《たけみずわけ》神社★）に奉納した上杉謙信の願文《がんもん》には次のように書かれている。

「ここに武田信玄と号する佞臣ありて、彼の信州に乱入し、住国の諸士ことごとく滅亡を遂げ、神社仏塔を破壊し、国の悲嘆累年に及ぶ。何ぞ晴信に対し、景虎闘争を決すべき遺恨なからん」

ここには、自らが信濃に出向き信玄と戦うのは、信濃の諸士の求めに応じ、彼

▼武水別神社
延喜式神名帳に記載されている更級郡十一社の一つ。この地方は古くは石清水八幡宮の荘園で、これを勧請して祭ったのがその起こりといわれる。養和元年（一一八一）木曾義仲が戦勝を祈願して以来、多くの武将がここに戦勝祈願に参っている。

武水別神社

らの苦境を救うためであると書かれているが、これは大義名分であって、謙信にとっては、北信濃が破られれば領国である越後も危険にさらされる、という危機感の中での出陣であった。

第一回目の戦い

かくして上杉謙信は武田信玄との戦いを決意し、天文二十二年四月、信州川中島に兵を進めた。武田、上杉の最初の衝突は、八幡（現・千曲市）であった。四月二十二日、上杉方五千の軍勢が武田方と戦い、翌日には敗走させた。この戦いで村上義清は葛尾城を奪回した。

信玄はいったん甲府に戻り、大軍を率いて再度、佐久から信州に入った。和田城（現・小県郡長和町）、高鳥屋《たかとりや》城（現・上田市武石）を陥れ、八月五日には塩田城が自落した。ここに籠もっていた村上義清は城を捨てて逃げた。

小県を席巻した信玄は、再び川中島に進出した。八月下旬、布施《ふせ》（現・長野市篠ノ井）で両軍は激突した。この戦いでは、上杉軍が武田軍を圧倒した。この間、信玄は塩田城に居たまま動かなかった。

この第一回目の戦いの地は八幡と布施であったが、いずれも川中島平の南に位置しており、信玄の勢力は松代にまでは及んでいなかったと見るのが妥当である。したがって、この頃に海津城が築かれたとの『甲陽軍鑑』の記述には無理がある。

春日山城

第二回目の戦い

弘治元年（一五五五）七月、謙信は春日山を出発し、善光寺近くに陣を張った。現在は城山公園と呼ばれている場所で、ここにはかつて横山城★という古城があった。一方信玄は、犀川を隔てて大塚（現・長野市青木島）を本陣とした。

この時、善光寺を支配する栗田氏は、武田方についた。栗田氏は善光寺の西にある旭山城に籠もり、上杉軍を牽制した。これに対し、謙信は旭山城近くの葛山《かつらやま》に付城《つけじろ》を築き、栗田氏の動きを封じた上で川中島に進出した。

両軍の対陣は、戦うことなく数カ月に及んだ。閏十月十五日、駿河の今川義元の仲介で両軍ともに兵を引いた。

第三回目の戦い

弘治三年二月、武田軍は善光寺の西北にある葛山《かつらやま》城を攻めた。ここは葛山衆の中心である落合一族の居城であった。この攻城には麓の寺静松寺の僧の手引きがあったという。

葛山落城の知らせを受けて、謙信はただちに信濃に兵を進めた。四月十八日、信濃に入った謙信は、武田軍の手に落ちていた北信濃の城を次々と奪回した。しかし、上杉軍が越後に引き揚げると、武田軍は再び川中島平を制圧した。

▼横山城
善光寺の東に広がる城山公園の一角富命彦神社のあたりにあった中世の城。南北朝時代の嘉慶元年（一三八七）横山城にこもった守護代二宮氏を国人衆の村上頼国らが攻撃している。第一回の川中島の戦いでは、上杉謙信が横山城に陣を置いている。

富命彦神社（横山城址）

この時期になって初めて、武田信玄は松代に城を築くことができる範囲にまで勢力を伸ばしたことになる。したがって、海津城が築かれたのは、『甲陽軍鑑』の記すように天文二十二年とするよりは、この頃と考えるのが妥当なのではないかと思われる。

海津城の築城

弘治二年（一五五六）八月、武田信玄は真田幸隆に対し、次のような書簡を送って尼巌城《あまかざりじょう》攻略を催促している。

「東条あまかざり城、その後いかか候哉、片時も早く落居候よう相勤めらるべく候」

これほどまでに信玄を焦らせた尼巌城には、この地区で最後の反武田の土豪東条信広《ひがしじょうのぶひろ》が籠もっていた。

川中島平を北進する信玄の前線は、屋代城・塩崎城の線まで来ていた。屋代城と尼巌城は目と鼻の先、この城を落とさなければさらなる北進はのぞめない。信玄は尼巌城の攻撃の指揮を、同じ信濃の土豪である真田幸隆に任せていた。

八月、真田の猛攻を必死に防いでいた尼巌城が落ちる。東条信広は上杉謙信を頼って越後に逃れた。

旭山城

尼巌城

海津城の城地は、その尼巌城の麓の位置にある。もともとが地元の豪族清野《きよの》氏の屋敷であった。清野氏は天文二十二年（一五五三）に武田信玄に従っている。『信府統記《しんぷとうき》★』には次のように記されている。

「城は昔は清野氏が屋敷地なり、清野氏初め村上義清に属し、後武田信玄に従ふ、清野入道清寿軒、同左衛門左等なり、西条氏も清野の一族なり、清野の城は同所清野村の上高山にて鞍骨の城と云ふ、松代の城より申酉の方に当る」

海津城の縄張りは信玄の足軽大将である山本勘助が行った。山本勘助はその実在も含めて謎の多い人物である。『甲陽軍鑑』には、勘助は三河国牛窪《うしくぼ》（現・愛知県豊川市）の人で、今川家の家老朝比奈兵衛尉の取りなしで、今川義元に仕えようとしたことがあったということが書かれている。

しかし義元は、勘助が容貌の冴えない醜男であり、しかも身体が不自由であったことから、軍法家などというが怪しいものだと抱えることはしなかったらしい。それに対して武田信玄は、「いか

▼『信府統記』
享保九年（一七二四）に完成した松本を中心とした信濃の国の地理と歴史を記した書。松本藩主水野忠幹が藩士の鈴木重武・三井弘篤に命じてまとめさせた。全三十二巻。

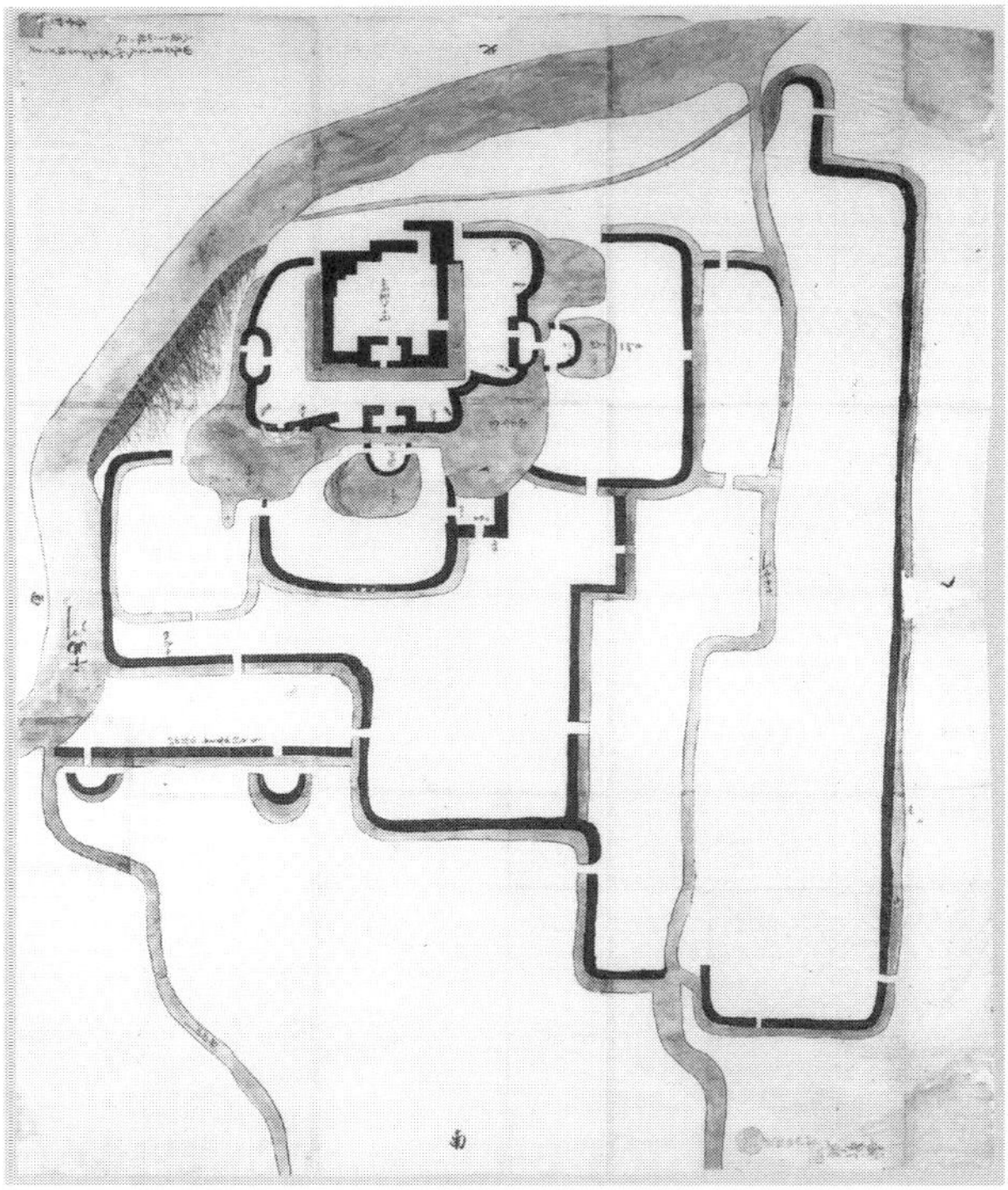

海津城、山本勘介縄張（長野県立歴史館蔵／関川千代丸収集文書）

に山本勘介、うしくぼの小身なる家より出ても、軍法をよく鍛錬仕るにをいては、武士の知識なりとて、武田信玄公、勘介を聞及び給ひ百貫の知行にて召寄らる」と『甲陽軍鑑』は記している。

天文十二年のことであった。その後、知行はさらに増えて合計三〇〇貫となり、信玄の軍師として数々の合戦にその力を発揮した。特に城取りの名人として多くの城の縄張りを行ったが、信濃では高遠《たかとう》城、小諸《こもろ》城、海津城などが勘助の手になるといわれている。

勘助の築城術は「甲州流築城術」と呼ばれ、丸馬出《まるうまだし》という独特の馬出の形と、三日月堀という三日月形の堀割が大きな特徴である。

海津城は、三方を山に囲まれ、千曲川の流れを背後に、本曲輪を三方から二の曲輪が囲み、丸馬出及び三日月堀を有している。城将は最初小山田虎満、のちに春日虎綱（高坂昌信）がつとめている。なお、春日虎綱は『甲陽軍鑑』の作者とされている武将である。

戦国史上最大、川中島の戦い

永禄四年（一五六一）八月、春日山を出発した上杉軍は、十四日に海津城西南にある妻女《さいじょ》山に陣を取った。山上からは海津城を望むことができる。

妻女山

川中島合戦関係図

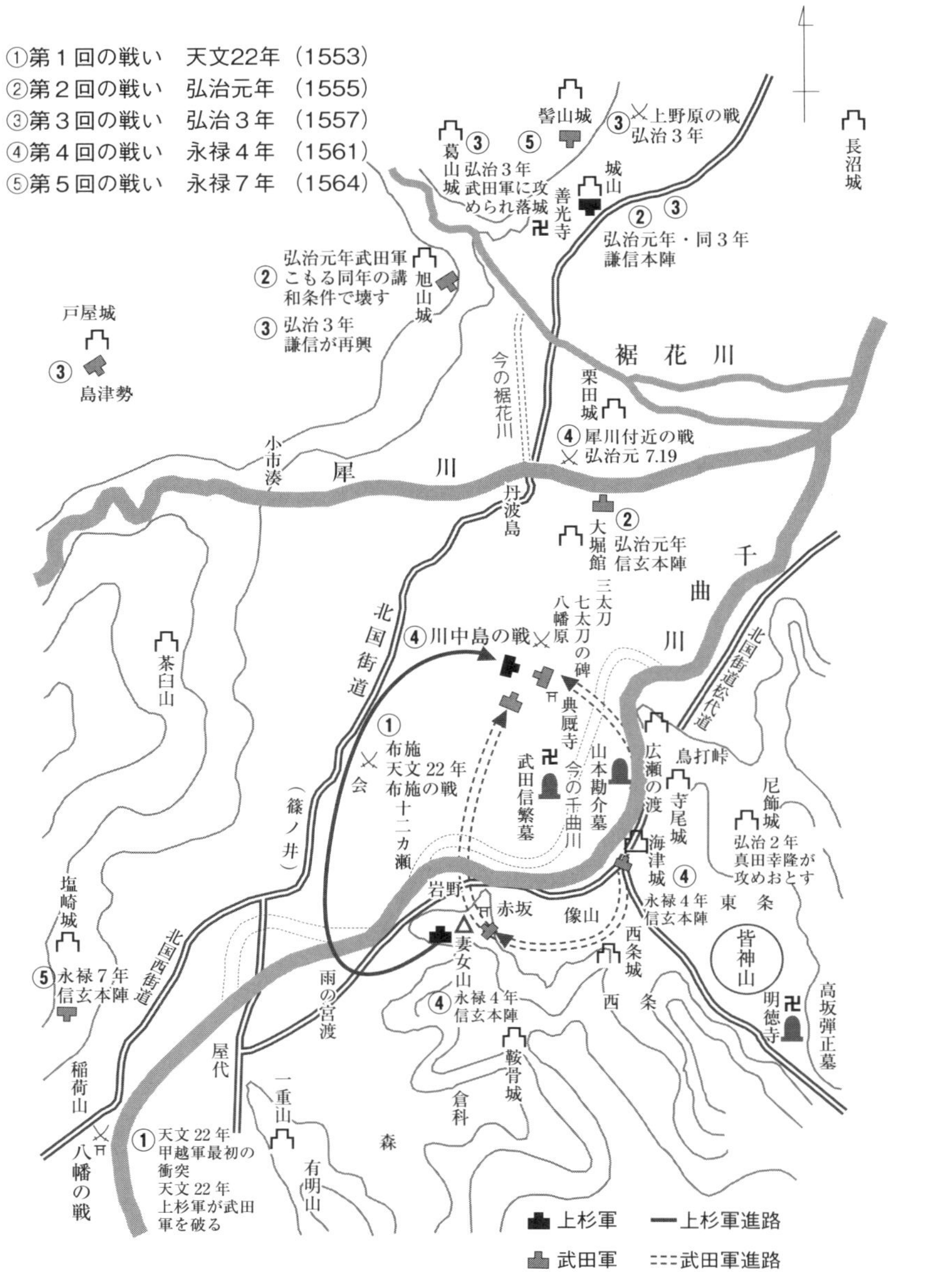

（小林計一郎『川中島の戦』をもとに加筆作成）

この知らせは十六日には甲府の信玄のもとに届いた。信玄は急ぎ出陣の支度をさせ、十八日大軍を率いて甲府を立ち、二十四日に川中島に到着した。妻女山近くの雨宮渡《あめのみやのわたし》に陣を取った後、二十九日に海津城に入った。

九月九日、海津城での軍議で、信玄は翌日未明に妻女山の上杉軍に総攻撃をかけることを決めた。この時、山本勘助の進言を入れて取ったのが「啄木鳥《きつつき》の戦法」であった。すなわち、武田の軍勢を二手に分け、一万二〇〇〇の軍勢で早朝に妻女山を攻撃する。上杉軍はこの攻撃で、山を下り退くだろうから、これを残り八〇〇〇で待ち受け挟み撃ちにしようというものである。

しかし、上杉軍は海津城から上る炊飯の煙を見て、翌日の攻撃を悟る。謙信は夜半ひそかに山を下り、雨宮渡を渡って対岸に出た。この日、川中島は一面の霧で一寸先も見えない。

やがて日が昇り霧が晴れてくると、信玄の本陣の間近に上杉の大軍が迫っていた。出会い頭の衝突のようにして両軍の戦いがはじまった。戦いは最初は上杉軍が有利に展開したが、妻女山攻撃の軍勢が加わると形勢は逆転した。

戦いは夕刻まで及んだ。両軍に大きな被害が出たものの、最終的な雌雄を決するまでにはいたらなかった。

武田軍はこの戦いで、信玄の弟である典厩信繁《てんきゅうのぶしげ》、両角豊後守《もろずみぶんごのかみ》、山本勘助入道道鬼、初鹿野源五郎《はじかのげんごろう》らの武将が戦死した。

山本勘助の墓

この戦いのさなか、上杉謙信が馬で信玄の本陣に襲いかかり、信玄に斬りつけたとの話が『甲陽軍鑑』にはあるが、真偽のほどはわからない。

戦いがもたらしたもの

永禄七年、信玄の勢力が飛騨から越中を狙っていることを察知した謙信は、背後から越後を攻撃される危険を感じた。改めて信玄の勢いを削ぐことの必要を感じた謙信は、七月春日山を出発して、二十九日に善光寺に着いた。八月一日、更級の八幡宮に必勝の願文を納め、三日には川中島に陣を取った。

一方の信玄は軍を府中方面から進めて塩崎（長野市）に陣を取った。両軍のにらみ合いは、戦闘のないまま六十日に及んだが、関東での反乱を聞いた謙信が兵を引き揚げたため、信玄も兵を引いた。これ以後両軍は川中島の地で戦うことはなかった。

それぞれ大義名分を立てて戦った「川中島の戦い」であったが、その実態はとてもきれい事ですまされるものではなかった。特に戦場となった村々では、その被害はそこに住む農民たちに及んだ。戦闘により田畑は荒らされ、時に争いに巻き込まれ犠牲となることもあった。

動員されてきた兵士たちは、戦場の村々で略奪を繰り返し、乱暴狼藉を働いた。

三太刀七太刀之跡
（両雄一騎討ちの地にある）

末端の兵士たちにとってこれは戦闘に駆り出されることの見返り、余禄のようなものであった。指揮官たちも村に放火し、神社仏閣を焼き払い、青田を刈り取った。こちらは敵の戦闘能力を削ぐという狙いがあった。

家を焼き払われ、家族を殺され、田畑を荒らされた百姓たちは、経済的に困窮し、精神的にも追いつめられ、村から逃げ出したり、他領に移って命をつなぐ者もいた。中には流民となってさまよう者も出てきた。武将にとっては、これが敵方の領地で起こったことであれば、収穫を減らすことができて自軍には有利に働くのだが、それはそのまましっぺ返しとなって自分の領土でも起こることであった。武田信玄は、諏訪社の神長に宛てた文書で、祭礼を復興したいが「十五カ年已来兵戈止むを得ざるにより、土民百姓困窮」していると本音を述べているが、長引く戦いにより、百姓たちが困窮するのは、自領の経済をも脅かす一大事であった。

蹂躙される民衆の側は、戦いがはじまると、身の回りのものを持って山に逃げ込んだり、大きな寺に籠もったりした。これが百姓たちにできる自衛の手段であった。しかし、黙って耐えているだけではない百姓たちもいた。長野市稲里町の青木家には、「幕張りの杉」と呼ばれる杉の木がある。そのいわれは、永禄四年の川中島の戦いの前、青木家の当主は武田・上杉両軍に交渉して、杉の木の間に張り渡した幕の内側には立ち入らないことを約束させて村を戦火から守ったのだと

幕張りの杉（青木家）

いう。そういう言い伝えのある杉が現在も青木家の敷地内に立っているが、現在のものは三代目の杉であるという。

和歌山県立博物館に所蔵されている「川中島合戦図屏風」には武将たちの戦闘のようすにまじって、上杉軍の小荷駄隊を襲う農民たちの姿が描かれている。抵抗することなく逃げまどっていたと思われていた百姓たちであったが、中には武装して小荷駄隊や敗走する兵士たちを襲うこともあったということであろう。それが屏風に描かれているということは、まれなことではなかったということを示しているのではないか。民衆の側から見た戦いのようすというのはなかなか記録として残されることはないのだが、古文書の断片、土地に伝わる伝承によってその一端を窺うことができる。

「川中島の戦い」というと、山本勘助が立てたという啄木鳥の戦法や「鞭声粛々」雨宮渡を渡る上杉軍の姿、そして八幡原での両雄の一騎打ちなどが人口に膾炙され、小説やテレビのドラマでも繰り返し再現されるのであるが、知られていない民衆の戦いがあったことを忘れてはならない。『信濃史料』の刊行という畢生の大事業を行った郷土史家の栗岩英治★は川中島の戦いについて次のような辛辣な言葉を残している。「古来、川中島の戦ひと云へば、戦争中の戦争として、一、徳川初期からの戦学家、二、講釈師、三、絵草紙屋、四、三文本、などの飯の種になって来ただけであった」

▼栗岩英治
下水内郡外様村（現・飯山市）に生まれる。最初は政治家を志し『日本及日本人』『日本新聞』に政治論文を発表し、自らも衆議院選挙に立候補したが、一九二六年に心機一転し郷土史の研究をはじめるようになった。一九二九年県史編さん会を設立した。各地に埋れている資料の収集を目指して一九四一年には信濃史料刊行会を設立した。『信濃史料』は一九六九年、栗岩の死後に完成した。

これも松代

逆さ麦の伝説

武田軍と上杉軍が激戦を繰り広げた八幡原、現在の長野市小島田町のあたりには「逆さ麦」の伝説が残されている。逆さ麦というのは、麦が実った時に穂首が折れて穂の先が地面を向いてしまうことで、おそらくは病気の一種だと思われるのだが、なぜか川中島古戦場である八幡原のあたりに多く発生するのだという。

永禄四年(一五六一)の川中島の戦いは、戦国史上最大といわれるほどの激しいものであった。武田軍二万人、上杉軍一万三〇〇〇人の激しい戦いがこのあたり一帯で繰り広げられ、戦死者は両軍合わせて八〇〇〇人にも及んだといわれている。たった一日の戦いでこれだけの犠牲者が出たのである。武田信繁・山本勘助・両角豊後守といった名だたる武将も多く命を落としたが、死んだ兵士の多くは甲斐や越後から動員されてきた名もない雑兵たちであった。

まわりの田畑は踏み荒らされ、百姓たちはなす術もなく悲嘆にくれるばかりであった。その翌年の春、あたりには逆さ麦がいっぱいに生えたのだという。誰言うともなく、ここで命を落とした兵士たちの恨みの血が土に染み込み、逆さ麦が生えるのだと語られるようになった。

哀れに思った百姓たちは、兵士たちの亡きがらを集め、埋めて塚を築いた。この辺りにはそんな首塚がいくつも残されている。

川中島の戦いの戦死者には地元の兵士たちも多くいた。武田、上杉の戦いがはじまれば、地元の弱小領主たちはどちらかについて戦わねばならない。それが生き残るための唯一の道であった。彼らは信濃先方衆と呼ばれ、戦いの最前線に立たされた。

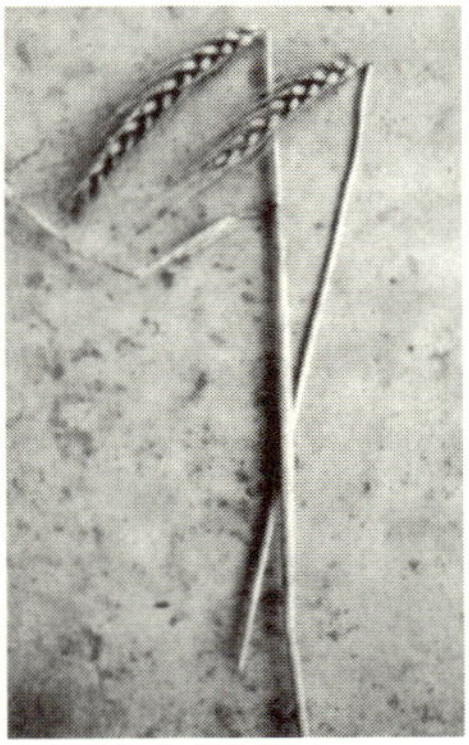
逆さ麦

首塚

小笠原若狭守の寄子桑山茂見もそんな一人で、武田軍の最前線に出て戦ったが、上杉軍につかまり首を刎ねられてしまう。この茂見の墓に、夜ともなると狐が集まって啼くのだという伝説が生まれた。茂見の墓はだれ言うともなく「狐丸塚」と呼ばれるようになったという。

これも松代

両雄の一騎打ちはあったのか

「しかれバ、もゑぎ（萌黄色）のどうかたぎぬ（胴肩衣を）き（着）たる武者、しろてぬぐひ（白手拭）にてつぶり（頭）をつつミ（包み）、つきげ（月毛）の馬にのり、三尺ばかりの刀をぬきもつて、信玄公の、しやうぎ（床几）の上に御座候処ゑ、いちもんじ（一文字）にのりよせ（乗り寄せ）、きつさき（切っ先）はづしに（外したが）、ミかたな（三太刀）きり（切り）奉る。信玄公たつて（立って）ぐんばひうちハ（軍配団扇）にてうけ（受け）なさる。後見れバ、うちハ（団扇）に八刀きず（傷）あり。御中間衆かしら、二十人衆かしら、都合廿騎のものども、大かう（剛）のつわもの（強者）故、たちまわり、敵ミかた（味方）にしられざるやうに、信玄公をとり（取り）つつミ、よる者共をきり

「武田上杉川中島大合戦」（芳虎作）

はらい申候。中に原大隅と申御中間頭、あほがい（青貝）のゑ（柄）の御鑓を以、つきげ（月毛）の馬に乗たる、もゑぎ（萌黄色）のどんす（緞子）のどうかたぎぬ（胴肩衣）武者をつ（突）けバ、つ（突）きはづし（外し）たるにより、具足のわたがミ（肩）をかけうちつれバ、馬のさんづ（後脚）をたたき、馬そうにたつ（竿立つ）てはしり出候。後き（聞）けバ、其武者てるとら（輝虎）なり、と申候」

これは『甲陽軍鑑』に描かれている信玄・謙信一騎打ちの記述である。川中島の戦いのクライマックスとして多くの人々に知られた名場面である。長野市八幡原の古戦場跡にはこのシーンを再現した両雄の一騎打ちの像が建っている。しかし、この場面の描写は『甲陽軍鑑』にだけあって、他の戦記には見られないのである。

『甲陽軍鑑』は後に記すように、

川中島の戦いに実際に参戦した春日虎綱（高坂昌信）の語り残したものであるということになっている。しかし、多くの研究者が指摘するように、その時代の武将の実見にしては初歩的な間違いが多いのも事実である。江戸時代になって甲州流の軍学書として大いにもてはやされたということを考えれば、相当に後世の脚色が入っているものと見るべきであろう。山本勘助が進言したという「啄木鳥の戦法」なども、妻女山あたりの地理的な条件から無理ではないかとの指摘もある。

両雄一騎討ちの像（川中島古戦場）

それでは、果たして両雄の一騎打ちは実際にあったことなのだろうか。武田信玄が陣を構えたとされる八幡原には両雄一騎打ちの像が建ち、いかにもここで信玄・謙信が戦ったかのような解説もされている。

戦国時代の戦いといっても、私たちが映画やテレビで見るようには格好のいいものではなく、「川中島の戦い」なども霧が晴れた目の前に敵がいたといった、出会い頭の衝突のようにしてはじまったのではないかとも言われている。

普通に考えれば、越後軍の総大将がたった一騎で敵方の本陣に斬り込むなどということは考えられないのではないだろうか。実際に江戸時代に編まれた『上杉家御年譜』には、斬り込んだのは事実だが、それは謙信本人ではなく、家臣の荒川伊豆守だとしている。

「荒川伊豆守馳せ来り、信玄と見すまし、三太刀まで討てども徹らず、信玄太刀ぬき合はする間もなく、団扇を以て受けはづす。已に危ふかりし処に、従兵原大隅守と云ふ者、鑓さしのばし進み出る。伊豆守が馬を丁と打てば、馬驚き飛ぶうちに信玄忽ち運を開く」

しかし、この『上杉家御年譜』は江戸時代に成立した文書であり、『甲陽軍鑑』の記述をそのまま引用した可能性は否定できない。謙信の斬り込みは結局失敗するのであり、謙信の不名誉を糊塗する意味で荒川伊豆守のしたことにしたのかもしれない。

いずれも真相は闇の中なのであるが、いくさ好きの謙信ならいかにもやりそうなことであり、それをかわした信玄もまたあっぱれということで、両雄を称えるエピソードとして語り継がれたのであろう。

②次々替わる川中島の支配者

川中島の戦い後、武田・織田・上杉とめまぐるしく領主が替わった。

関ヶ原の戦いによって覇権を握った徳川家康は、六男の松平忠輝を川中島の領主に据える。

しかし、その忠輝も徳川秀忠によって改易となってしまう。

武田氏の川中島支配

五度にわたる川中島での武田と上杉の戦いは、結局はどちらにも決定的な勝利をもたらすことはなかった。しかし、北信濃における武田信玄の力はほぼ全域に及ぶことになった。その中枢は海津城に置かれ、城代は春日虎綱《かすがとらつな》がつとめた。

春日虎綱は、一般には高坂昌信《こうさかまさのぶ》の名で知られているが、高坂は、その名跡を継いだ更級郡牧ノ島の豪族香坂氏に由来し、昌信は出家名であるという。その出自ははっきりはしていないが、『甲陽軍鑑』によれば、大永七年（一五二七）、甲斐国八代郡石和郷（現・山梨県笛吹市石和町）の百姓の子として生まれたが、天文十一年（一五四二）に信玄の奥近習として召し抱えられたのだという。天文二十一年には足軽大将となり、春日弾正忠を名乗った。

春日虎綱の墓（明徳寺）

天文二十二年に小諸城（現・長野県小諸市）の城代となり、その後海津城（現・長野市松代町）の城代をつとめている。この頃、上杉方に内通して粛清された香坂氏の名跡継承を許されて香坂姓を称したという。

天正六年（一五七八）、謙信死後に発生した上杉家における御館《おたて》の乱において、武田信豊とともに上杉景勝との取り次ぎをつとめ、甲越同盟の締結に携わってい る。同年六月十四日、海津城において五十二歳で死去した。墓は松代町の明徳寺にある。

長篠の戦いには、春日虎綱は出陣しなかったが、息子の信達が戦死している。この敗戦を聞いた虎綱は、武田氏と勝頼《かつより》の行く末を深く案じ、勝頼の寵臣である跡部勝資《あとべかつすけ》、長坂光堅《ながさかみつかた》を諫める書として口述したのが『甲陽軍鑑』のもとになっているという。

『甲陽軍鑑』は江戸時代の元和年間（一六一五〜一六二四）に成立した軍学書で、奥書には、原本は虎綱の口述記録であり、虎綱の死後は甥の春日惣次郎と家臣大蔵彦十郎が執筆を継続し、虎綱の海津城代時代の部下である小幡昌盛《おばたまさもり》★の子景憲《かげのり》がこれを入手し、完成させたものであるということが書かれている。『甲陽軍鑑』では山本勘助が、信玄の軍師として縦横の活躍をみせている。

武田信玄は、天正元年四月、上洛の途中、信州駒場《こまんば》（現・下伊那郡阿智村）で病死する。その跡を継いだのは武田勝頼であった。勝頼は天正三年、長篠《ながしの》の戦い★で

▼小幡昌盛・景憲
小幡昌盛は武田氏の足軽大将で、海津城主春日虎綱に仕えていたという。景憲は昌盛の三男で武田氏の滅亡後は徳川氏に仕えた。その後徳川氏を離れ諸国を漫遊していた伝えられる。関ヶ原の戦いでは井伊直政に仕えて戦功を挙げた。しかし、大坂の陣では豊臣の陣営にいたが、その実は徳川氏に内通していた。戦後は徳川氏の旗本となっている。景憲は甲州流軍学の創始者とされ、『甲陽軍鑑』の編者でもある。

▼長篠の戦い
天正三年五月、織田・徳川連合軍と武田軍との間で戦われた。戦いの場所が長篠城一帯（現・愛知県新城市）であったため長篠の戦いと呼ばれる。織田軍は最新兵器であった鉄砲を三千丁を備えており、さすがの武田騎馬隊も壊滅させられてしまった。

織田信長に大敗し、多くの家臣を失った。

勝頼は、天正九年に新府《しんぷ》城★を築き、ここを新たな拠点として領国の経営を目指した。しかし、天正十年正月早々、木曾《きそ》義昌《よしまさ》が織田方に寝返り、一挙に危機を迎える。

三月、織田信長に攻められ、勝頼は新府城に放火して逃亡するが、武田氏ゆかりの地天目山《てんもくざん》を目指す途中、追っ手に迫られ、夫人や嫡男とともに自害する。

武田氏の滅亡により、川中島は織田信長の支配地となった。信長は配下である森長可を海津城に遣わし、高井・水内・更級・埴科の北信濃四郡を治めさせた。

森長可の治政と一揆勢の抵抗

天正十年（一五八二）四月、海津城は武田旧臣の抵抗にあうことなく、森長可に引き渡された。長可が海津城に入ってまず手を付けたことは、武田旧臣たちへの対策であった。この地は、織田方が力によって獲得した地ではない。武田氏に恩顧を受けた豪族もいれば、越後の上杉氏に近い豪族もいる。

長可は、織田方に敵対せず忠節を誓うならば、領地はそのままで織田の家臣として取り立てるという方針で臨んだ。しかし四月五日、芋川親正《いもかわちかまさ》を大将とする一揆勢が蜂起した。飯山城受け取りに派遣された稲葉彦六の軍勢に襲いかかったの

▼新府城
武田勝頼が真田昌幸に命じて普請させたのが新府城である。場所は現在の韮崎市で、甲斐の国の北部になるが、当時の武田氏の領国である信濃・西上野を含めればほぼ中央部に位置することになる。天正九年末に、勝頼は居城を新府城に移した。天正十年三月、織田軍の攻撃により、勝頼は新府城に火をかけ脱出する。その後、徳川氏と北条氏との争いの際には北条氏の拠点となったが、北条氏の滅亡により廃城となった。

である。

織田信長は、急ぎ援軍を派遣したが、一揆勢は山中に隠れ、また大蔵城（現・長野市豊野町）に立て籠もって抵抗を続けた。

四月七日、一揆勢は八〇〇〇の軍勢で長沼城を攻撃した。しかし、反対に長可の軍勢に攻め立てられ、一二〇〇人余りが討ちとられた。さらには、大蔵城に籠もっていた女・子供二四五〇人も殺された。

こうして一揆勢の抵抗は鎮圧された。この一揆には武士だけではなく、多数の百姓やその家族の女子供までが加わっていた。中心人物である芋川親正は、芋川荘（現・飯綱町）を本貫地とする豪族で、はじめ武田氏に従っていた。武田氏滅亡後は上杉景勝に誼《よしみ》を通じていたので、背後から上杉氏の手引きもあったものと思われる。また芋川親正は熱心な一向宗の門徒であった。百姓まで巻き込んだ広範な一揆を組織できたのは、一向宗の門徒である領民たちの参加もあったからであろう。

信長は、元亀元年（一五七〇）から十年間にわたり石山本願寺との争い、石山戦争★を行っている。天正八年、石山本願寺の焼き討ちによって一向宗徒が屈服するまで、北信濃の門徒たちも兵糧米や軍資金を大坂に送っていた。

仏敵である信長が支配者となることを阻止するために、門徒たちは命がけの戦いを挑んだのであろう。この一揆が鎮圧されてのち、北信濃での大きな抵抗はな

大蔵城

▼石山戦争
元亀元年（一五七〇）から天正八年（一五八〇）にかけて行われた本願寺法主顕如を中心とする一向一揆勢と織田信長の戦い。一揆勢は石山本願寺に籠もって戦った。天正八年、顕如が大坂退去の誓紙を信長に差し出し戦争は終結した。

くなった。長可は、豪族たちに次々に安堵状を出し、北信濃の支配を固めていった。

六月二日、織田信長が本能寺で明智光秀に討たれた。後ろ楯を失った長可は、まだ不安定な北信濃に見切りをつけ、自領である美濃金山に引き揚げていった。猿ケ馬場峠《さるがばんば》までたどり着いた長可は、ここで人質に取っていた一揆勢全員を殺して逃げた。

上杉景勝の支配

森長可が去った後の川中島は、上杉景勝の支配する地となった。島津、清野、葛山衆など北信濃の豪族は、こぞって景勝に臣従した。

上杉景勝は、謙信の姉仙桃院の子で、謙信の甥に当たる。永禄七年（一五六四）に謙信の養子となった。天正六年（一五七八）に謙信が死去すると、同じく謙信の養子である上杉景虎との間に相続争い（御館の乱★）が起こったが、天正七年、景虎の自害で争いは終わり、景勝は名実ともに謙信の後継者となった。

北信濃を支配するに当たって景勝は、信玄に追われ越後に逃げてきていた豪族たちに、旧領に戻ることを許した。さらには、武田の旧臣や森長可に属し、信濃に残った武将たちも自分の臣下に加えた。

▼御館の乱
上杉謙信の死後、その家督相続をめぐって上杉景勝と上杉景虎との間に起きた内乱。両者ともに謙信の養子となっていたこともあり、内乱に発展したものであった。戦いは上杉景勝が勝利し、上杉家を継いだ。御館とは、春日山城下の現在の直江津駅近くにあった館で、謙信が関東管領である上杉憲政を迎えるために建てた。謙信の居館としても使われていた。

景勝は海津城と長沼城を信濃支配の拠点とし、海津城には城将として村上景国《かげくに》を、長沼城には島津忠直を置いた。その後、天正十一年に海津城の副将であった屋代秀正が徳川に内通して出奔したため、村上景国は任を解かれ、代わって上条宜順が就いた。

天正十三年には須田満親《みつちか》が海津城将となり、北信濃四郡の統轄を任された。この頃から景勝は豊臣秀吉への臣従を強め、天正十八年の小田原攻めに参加して秀吉の信任を得、北信濃四郡の支配を強固なものとした。

慶長三年（一五九八）、上杉景勝は会津に移封《いほう》となった。豊臣秀吉の意向によるものであった。この時、北信濃の武士は残らず会津に移ることが強制された。この移封で、北信濃は兵農分離が徹底された。

上杉氏が会津に移った後の海津城には四万石で田丸直政《たまるなおまさ》が入った。ほかに北信濃には三万石で飯山城に関一政が入り、残り五万五千石は豊臣秀吉の直轄地となった。

景勝が会津に移った年の八月、秀吉は大坂城で死去した。代わって北信濃では徳川家康の力が強く及ぶようになった。

慶長五年、田丸・関の両大名に代えて森忠政が北信濃四郡十三万七千五百石の知行で海津城に入った。家康の意向が強く働いた人事であった。

森忠政は、かつて織田信長の臣下として海津城代をつとめた森長可の弟である。

長沼城址

長可は、信長の死後は秀吉に仕えたが、天正十二年の長久手の戦いで戦死している。忠政は秀吉の死後は家康に仕えていた。

慶長五年五月、徳川家康は各地の大名に上杉征伐を呼びかけた。再三の上洛催促にもかかわらず、景勝がそれに応じなかったためである。七月、景勝と同盟関係にあった石田三成が挙兵した。そして九月、天下分け目の関ヶ原の戦いに至るのである。森忠政はこの間、上田の真田昌幸を牽制して上杉との連携を阻止した。

関ヶ原の戦い後の慶長七年、忠政は北信濃四郡で大がかりな検地を実施した。この検地で、忠政は「右近竿」と呼ばれる六尺一寸（約一八三センチ）の竿を使い徹底的に測量を行った。その結果、四郡の総石高は十三万石から十八万石（一説には十九万石）に増大したという。右近は森右近忠政による。

この検地は過酷なもので、これに反対して土豪層を中心に一揆が各地で起こった。しかし、忠政はただちにこれを鎮圧し、首領三人を磔《はりつけ》にした。また、七〇〇人に及ぶ加担者を同時に処刑したとも伝えられている。この一揆の背景には、検地によって利権を奪われた土豪層の危機感があったが、これら土豪層はこれによって勢力を削がれ、兵農分離が一層すすんだ。

『関ヶ原合戦図屏風』（個人蔵）

慶長八年二月六日、忠政は美作津山《みまさか》に移封される。石高は十八万六千五百石で、四万九千石の加増となった。

松平忠輝の入封

替わって、北信濃四郡には徳川家康の六男松平上総介忠輝《ただてる》が入封した。この時、忠輝はわずか十一歳であり、十八万石に見合うだけの家臣も整っていなかったので、大久保長安《ながやす》が付《つけ》家老として北信濃四郡の支配に当たった。

松平忠輝は、文禄元年（一五九二）に徳川家康の六男として浜松城で生まれた。幼名は辰千代、母は茶阿《ちゃあ》局。家康は辰千代の誕生を喜ばなかったという。茶阿局の身分が低かったためといわれるが、容貌が怪異であったからともいう。『藩翰譜』★が伝えるところによると、家康は生まれたばかりの忠輝を見て、色黒でしかもまなじりが逆に裂けて容貌があまりにも恐ろしげであったために、捨ててしまえと命じたのだという。★

そのため、幼くして下野皆川（現・栃木県栃木市）城主の皆川広照に預けられた。慶長四年（一五九九）、八歳の時、長沢松平家を継ぎ、武蔵深谷（現・埼玉県深谷市）に一万石を給された。慶長七年には下総佐倉（現・千葉県佐倉市）四万石の城主となり、上総介忠輝を名乗った。そして、翌年川中島十八万石に移封するので

▼『藩翰譜』
元禄十三年（一七〇〇）に甲府藩主であった徳川綱豊が新井白石に命じてつくらせた大名家の家伝・系譜書で、全十二巻、元禄十五年に完成した。

▼原文
「世に伝ふるは介殿（忠輝）生れ給ひし時、徳川殿（家康）御覧じけるに色きわめて黒く、まなじりさかさまに裂けて恐しげなれば憎ませ給ひて捨てよと仰せあり」

ある。この時、養い親の皆川広照は忠輝の後見役として飯山城主となり、四万石を給されている。

慶長十年四月、忠輝は家康とともに上洛し、参内《さんだい》して従四位下・右近衛少将の位を与えられた。翌年には仙台藩主伊達政宗の娘である五郎八《いろは》姫を娶っている。

忠輝は幼少であったため、ほとんどを江戸屋敷に暮らしており、実質的な藩政は大久保長安の手代たちが行っていた。

長安は武士の出ではない。猿楽師大蔵太夫十郎信安の子である。父信安は、甲斐の国に流れて武田信玄に抱えられた。息子である長安は、猿楽師にはならず、信玄の家臣として取り立てられた。家老土屋《つちや》昌続《まさつぐ》の与力となり、姓を土屋に改めている。

付家老大久保長安

大久保長安は武将としてよりも、経済官僚としてその能力を発揮し、黒川金山の開発など武田領国の経営につとめた。

武田氏の滅亡後は徳川家康に仕え

北国街道

るようになる。大久保忠隣《ただちか》の与力となり、姓を大久保に改めている。関ヶ原の戦いの折には、東山道を西に攻め上る徳川秀忠軍の先駆けとして、木曾谷、東美濃にわたる石田陣営の兵站《へいたん》線奪取に活躍した。

家康が征夷大将軍となった後は、主に信濃国内の知行割りを家康から任された。その際には中山道や北国街道の整備にもつとめている。また、長安は、石見《いわみ》銀山や佐渡金山の開発にも力を発揮した。

佐渡で採れた金を江戸や駿府に運ぶためにも北国街道は重要であった。もともとが、牟礼《むれ》（現・飯綱町）、長沼（現・長野市）、福島（現・須坂市）、川田（現・長野市）、松代、矢代（現・千曲市）が正規の道であったが、長安は慶長十六年に新町《あらまち》（現・長野市若槻）、善光寺町、丹波島を通る街道を公認した。江戸に物資を運ぶ街道として距離が短く、殷賑《いんしん》を極める善光寺町を通る道が、より経済的に重要と判断したものであろう。

長安にとって、北信濃は木曾との関係でも重要な場所であった。長安は家康の代官として、木曾の木材生産にも力を発揮した。木曾谷は山間で耕地が少ない。木曾の百姓や森林伐採の人夫のために北信濃から飯米を供給したのである。また、木材の輸送のための人足の調達も北信濃で行っている。

慶長八年、松平忠輝の北信濃四郡入封に際して、長安は領内に十カ条の条目を発令した。その内容は次のようなものであった。

北国街道（北国脇往還）川田宿

一、年貢率は村々の実情によって取り決めること。
一、年貢は米の代わりに金銀、真綿、紅花、麻、雑穀などでも認める。
一、百姓が迷惑することがあれば、目安で申し述べること。
一、役人に不正があれば、目安で申し述べよ。その者は吟味の上、辞めさせる。
一、非分の枡で年貢を取り立てる役人は処罰する。
一、役人への賄賂（御礼銭、草鞋銭）は禁止する。求める者がいれば訴え出よ。
一、検地帳からもれた土地があれば申し出よ。その者には褒美を出す。
一、百姓の中に行いが悪い者があれば申し出よ。
一、郷中に盗人や火付けがいれば申し出よ。申し出た者には褒美を出す。
一、種貸し籾の利子を五割から三割に引き下げる。

これに続けて、これまで村を逃げ出し、「走り百姓」となっていた者を村に連れ戻し、荒地の開墾をさせよとしている。

全体に百姓に温情をかけた内容となっているが、これはうち続く戦国の世で疲弊した百姓を慰撫し、労働意欲を起こさせて、安定した生活を取り戻すことで、領土の支配を軌道に乗せたいという意図が込められていたものであろう。

城代花井吉成の治政

慶長九年（一六〇四）になってようやく忠輝の領国支配が本格化する。領内の各城には幼少の忠輝に代わって城代が配された。中心となる松城城（後の松代城）には花井吉成《はないよしなり》、長沼城（現・長野市）には山田正世、稲荷山城（現・千曲市）には松平信直、牧之島城（現・長野市信州新町）には松平宗世が着任した。また、江戸家老として松平親宗が就いている。大久保長安はこれら家老たちが着任しても、相変わらず領内で力を発揮していた。

慶長十四年、山田正世、松平宗世、松平親宗の三人の家老と飯山城主の皆川広照が大御所家康に、藩主忠輝の不行跡を訴え出た。「行跡荒々として言語絶したり」と『当代記★』にはあるが、具体的にはどういうものであったのかはさだかではない。

江戸住まいであった忠輝は急ぎ駿府に向かい、家康に釈明した。家康は四人の側に落ち度があったとして、山田には切腹を、皆川とほかの家老には改易を申し付けた。忠輝にどんな荒々しい行いがあったのか、今となっては真相を知る由もないが、背後には長安の威を借りた花井吉成の専横に対する家老たちの抗議があったとの見方が強い。

慶長十五年閏二月三日、家康は忠輝を越後福島★（現・新潟県上越市）の城主として移封させた。北信濃の領地の大半はそのままに、越後をも領有する五十万石の大名となったのである。もともとが越後は、上杉景勝の領土であった。豊臣秀吉

▼『当代記』
寛永年間に成立した記録資料集。織田信長の時代から江戸時代初期までを扱っている。筆者は松平忠明。

▼福島城
慶長十二年、堀忠俊によって築かれた。それまでは春日山城を居城としていたが、戦国の世も終わり、山城の必要がなくなっていた。福島城は関川、保倉川、そして日本海に三方を囲まれており、その中に本丸をはじめ、侍屋敷が並ぶ大規模な城郭であった。慶長十五年に堀忠俊は改易となり、松平忠輝が川中島から移り七十五万石を領した。しかし、四年後の慶長十九年には高田に新しい城を築いて移ってしまった。波の音がうるさくて眠れないからという忠輝のわがままが原因とも伝わるが、実際には関川、保倉川の氾濫に悩まされたのがその原因のようだ。城址は現在、古城小学校の敷地になっている。

が景勝を会津に移した後は、堀秀治が治めていた。慶長十五年、堀忠俊の代の時に家内に内紛があり、忠俊は改易となった。その後に忠輝が入封したものである。

北信濃の忠輝領は、松城城代の花井吉成が管理することになり、翌年には知行二万石が宛がわれた。吉成は忠輝の生母茶阿局の前夫との子於八《おはち》の夫にあたり、忠輝とは義理の兄弟の関係にあった。そのためか忠輝の信頼は厚く、子の義雄《よしたけ》とともに北信濃の経営を全面的に任されていた。もともとが徳川家康の近習として仕えていたが、慶長八年、家康の命により忠輝の家臣となったものである。

吉成父子は、北国街道の改修、裾花川の流路変更、犀川から川中島平に用水路を引いて水田を開発するなど、多くの土木工事を行ったといわれている。これらの土木事業の功績を称えて、父子は花井神社として祀られている。

吉成は慶長十八年八月二十一日、松城で死去している。大久保長安の事件に関与した疑いがかけられたことによる自害ともいわれている。墓所は長野市松代町松代の西念寺にある。吉成の没後は、子の義雄が松城城代となった。

これに先立って大久保長安が慶長十八年四月二十五日に病死した。長安の死後、不正蓄財を理由に長安の七人の男児は全員処刑され、縁戚関係にあった諸大名も連座処分で改易などの憂き目にあった。その中には、松本城主石川康長も含まれる。しかし、金山開発などの事業は長安の請け負いによるものであることから、不正蓄財にはあたらず、近年の研究では長安と対立関係にあった幕閣の本多正信・

福島城跡

花井吉成の墓（西念寺）

正純父子の陰謀ではないかということが言われている。

松平忠輝、改易に処される

慶長十九年（一六一四）七月、徳川家康は豊臣秀頼が作った京都方広寺の鐘銘《しょうめい》「国家安康　君臣豊楽」が家康を冒瀆《ぼうとく》するものであると難癖をつけ、全国の大名に大坂征討を発令して「大坂冬の陣」を起こした。この時、忠輝は江戸留守居役を命じられ、参戦はしていない。翌年五月の「大坂夏の陣」では、忠輝は大和口総督を命じられ、奈良に陣をしいている。

元和元年（一六一五）九月、家康は忠輝を勘当した。理由は「大坂夏の陣」における遅参、そして近江守山宿において、忠輝が秀忠の家来を殺害したことを咎められたものである。

翌年四月、家康が死去した。忠輝は家康を見舞うことを許されず、葬儀に参列することも許されなかった。『徳川実紀』★は「忠輝、いそぎ発途して駿府へ参られ、宿老もて御気しき伺はれしに、家康は以の外の御いかりにて、城中へも入るべからざる旨仰下され、御対面も叶はざれば、少将（忠輝）せんかたなく御城下の禅寺に寓居して、御気のひまを伺ひて、謝し奉られんとする内に薨去……」と伝えている。

花井神社（長野市篠ノ井）

▼『徳川実紀』
徳川家康から十代将軍家治までの将軍家の事蹟をまとめたもの。編者は成島司直で文化六年から書きはじめ、嘉永二年に将軍家慶に献じられた。なお、成島司直は成島柳北の祖父にあたる。

家康の没後、松城城代の花井義雄は改易に処され、常陸《ひたち》笠間に流された後、上野《こうずけ》高崎に移されている。

元和二年七月、将軍秀忠は家康の遺言として忠輝に改易を命じ、伊勢国朝熊《あさま》への配流を命じた。生母茶阿《あ》局は、家康の側室の茶《ちゃの》局《つぼね》に取り成しを依頼したが、聞き入れられなかった。元和四年には飛騨国高山に、寛永三年（一六二六）には信濃国諏訪に流された。

天和三年（一六八三）七月三日、忠輝は幽閉先である諏訪高島城（南の丸）にて死去した。九十二歳であった。諏訪配流後、再三にわたって幕府に赦免を願い入れたが、聞き届けられることはなかった。しかし、晩年は監視の目も緩み、穏やかな日々を過ごしたという。墓は諏訪市の貞松院にある。

忠輝が秀忠から改易を命じられた表向きの理由は、先に記したように「大坂夏の陣」における忠輝の振る舞いが兄を激怒させたということになっているが、実際には秀忠が忠輝に相当の危機感を抱いており、機会があればその勢力を削ごうとしていたからではないかと言われている。

忠輝の岳父は伊達政宗である。政宗は異国に興味を抱き、キリ

高島城

スト教の宣教師とも親しく、海外に使者を送っている。忠輝はこの影響でキリスト教に極めて近い関係にあり、このことを秀忠が恐れたのではないかというのだ。また、付家老の大久保長安らに担がれて、忠輝を将軍にしようとの陰謀があったとも言われている。忠輝が伊勢朝熊に流される時、秀忠はひそかに横川の関所や江戸への入り口を固めるように諸大名に命じたという。

忠輝については、またこのような記述もある。

「此人平生、行跡実に相協力、騎射万人に勝れ、両脇自然に三鱗あり、水練の妙、神に通ず。故に淵川に入って蛇龍を捜し、山に入って鬼魅を索め、剣術絶倫、性化現の人」（『柳営婦女伝系』及び『玉輿記』）

織田信長を尊敬し、自らも生涯信長の官名上総介を好んで用いたという。海外との交易に興味を示し、文武両道に通じた文化人で、キリスト教にも理解があった。秀忠が恐れたのも頷ける傑物であったのだろう。

松平忠輝墓（貞松院）

これも松代

お国自慢
これぞ松代の名物（1）

松代藩真田十万石まつり

江戸時代信州最大の藩であった松代で毎年十月の第一土・日曜日に行われる祭り。圧巻は二日目に町内を練り歩く「松代藩真田十万石行列」だ。真田藩鉄砲隊による演武、真田勝関太鼓によってはじまるこの行列は、総勢二五〇名にも及ぶ武者行列が松代城を出発し、町内を行進する。

初代信之公に扮する十四代当主

一般参加者は自前の甲冑で参加

戦後になってはじまった新しい祭りだが、今ではすっかり市民の間に定着して、城下町松代の秋の風物詩となっている。その年によってテーマを変えているが、行列には初代藩主信之をはじめとする歴代の藩主、真田昌幸・真田幸村・小松殿・佐久間象山といった松代ゆかりの人々の姿を見ることができる。真田家の現在の当主もこの祭りには参加される。

先払い（松代城前）。
（写真提供：長野市役所松代支所。上段の２点も）

長芋

松代における長芋の栽培の歴史は古く、江戸時代にはすでに自家用として栽培されていたようである。千曲川の沖積地帯で販売用として栽培されるようになったのは戦後になってからで、甘みと粘りがあり、松代の特産となっている。昭和四十年代には全国一のシェアを誇ったが、現在ではその座を青森や北海道に譲っている。

長芋掘り。（写真提供：長野市役所松代支所）

第二章 松代藩の成立

真田信之が松代藩十万石に移封され、二百五十年にわたる真田氏支配がはじまる。

① 真田一族の活躍

小県の小豪族であった真田氏は、幸隆の時代に武田信玄に臣従し、その勢力を東信濃・西上野に伸ばす。反徳川となった昌幸・信繁は徳川家康・秀忠をさんざんに苦しめる。

真田幸隆、武田氏の家臣となる

元和八年（一六二二）、上田領主であった真田信之《さなだのぶゆき》は十三万石で松代に移封となった。真田といえば、大坂冬の陣・夏の陣において徳川の大軍を相手に無双の活躍をした真田信繁《のぶしげ》（幸村《ゆきむら》）がまず思い浮かぶが、信之は信繁の兄である。

真田氏は信濃の国の東部に位置する小県《ちいさがた》地方を根拠とする滋野《しげの》氏★に属する小豪族で、現在の上田市真田★のあたりを本貫地としていた。真田の名が初めて歴史の舞台に登場するのは、信之の祖父幸隆《ゆきたか》の時代である。天文十年（一五四一）、武田信虎《のぶとら》は、村上義清《よしきよ》、諏訪頼重《よりしげ》と組んで小県の地に攻め入り、海野平《うんのだいら》で海野氏を破った。この時、真田幸隆は海野棟綱《むねつな》とともに上野《こうずけ》（群馬県）に逃れた。

その後、どういう事情があったのか、天文十八年には武田信虎の子晴信《はるのぶ》（のち

▼滋野氏

清和天皇の第四皇子貞保親王が信濃の国海野荘に下向し、その孫の善淵王が滋野姓を賜わったことにはじまるという。その後、重道の代に海野姓を名乗り、その子らの代に望月氏・禰津氏が分かれた。鎌倉時代には勢力を西上野にまで伸ばし、滋野一族は勢力を広げた。海野・望月・禰津は「滋野氏三家」と呼ばれ、一族の中でも名家とされた。真田氏は海野氏嫡流を名乗った。

の信玄）の配下となっていることが『高白斎記《こうはくさいき》』に記されている。三月十四日に信玄から佐久の望月源三郎に七〇〇貫文の朱印が渡されたが、この時の使者として幸隆が登場するのである。すなわち「十四日土用。七百貫文の御朱印、望月源三郎へ下され候。真田渡す。依田新左衛門請取る」。おそらく、幸隆が武田信玄に臣従したのは、これより何年か前のことと思われる。

信玄は天文十七年に上田原で村上義清の軍と戦って敗れている。幸隆は、父祖

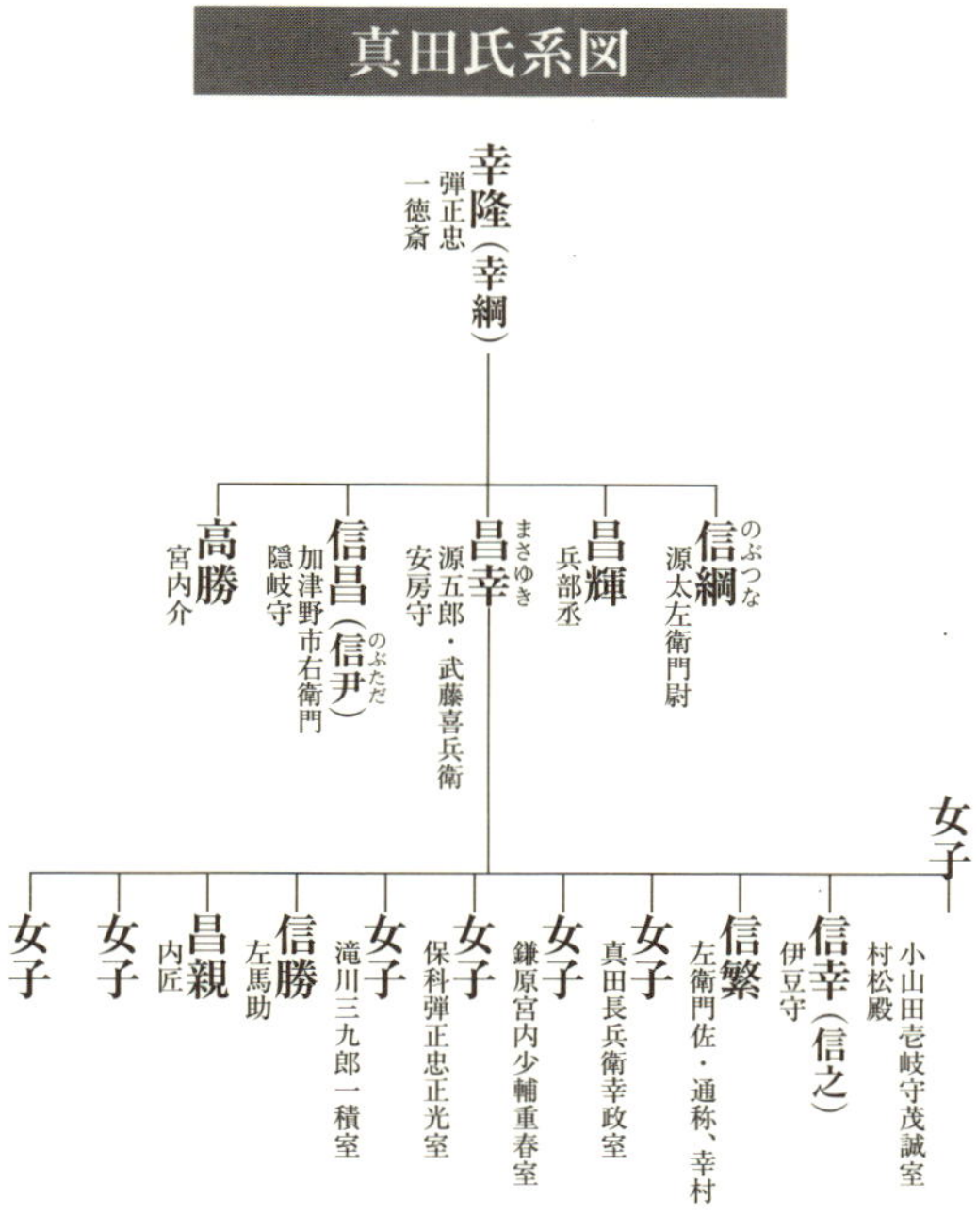

▼上田市真田

平成十八年（二〇〇六）の合併により上田市に編入されたが、それまでは小県郡真田町といった。真田町は昭和三十三年（一九五八）に長村・傍陽村・本原村が合併したもので、町名の由来はここを発祥とする真田氏に因んだものという。真田の地名は旧長村に残り、ここに山家神社があることから、真田氏はこのあたりの豪族であったと思われる。

真田本城からの眺め

の地真田郷奪回に向けて参陣していたと思われる。天文十九年、信玄は戸石《といし》城の攻略にも失敗している。この戦いの時、真田幸隆は北信濃の豪族たちの調略を担当していた。側面から村上義清の力を削ごうという作戦である。

翌天文二十年五月、幸隆は単独で戸石城を落とした。村上方に内通者をつくって一気に攻め取ったのではないかと言われている。天文十九年の信玄による戸石城攻略戦の前、七月二日に信玄は幸隆に宛てて「其方年来之忠信、祝着候、然者於本意之上、諏方方参百貫并横田遺跡上条、都合千貫文所進之候、恐々謹言」。すなわち、（戸石城を落とした暁には）小県の諏訪形《すわがた》三〇〇貫文と横田遺跡上条の地と合わせて一〇〇〇貫文の土地を与えるとの宛行状《あてがいじょう》を出している。戸石城を攻め落としたことで、幸隆は再び小県の地に帰ることができた。さらにはこの宛行状により上田の平にも進出することになるのである。

この後、北信濃の攻防をかけて、武田信玄と上杉謙信の間に川中島の戦いが起こるわけだが、この戦いにも幸隆は信濃先方衆として大活躍をした。恩賞として、信玄から秋和の地三五〇貫文が与えられている。

川中島の戦いの後、信玄の狙いは上野《こうずけ》に向かった。上野にはすでに小田原城主（現・神奈川県小田原市）の北条氏が進出していて、天文二十一年に関東管領上杉憲政《のりまさ》を平井城に破っていた。憲政は越後の長尾《ながお》景虎《かげとら》（のちの上杉謙信）に助けを求めた。これに対し信玄は北条に誼《よしみ》を通じ、上野の攻防もまた信玄と謙信の争い

真田昌幸画像（上田市立博物館蔵）

に発展した。

信玄の意を受けた真田幸隆は、小県から鳥居峠を越えて上州吾妻《あがつま》郡（現・群馬県吾妻郡）に進出した。吾妻郡はかつて幸隆が武田信虎に追われて逃げ延びた地であり、古くから滋野一族にゆかりの深い土地であった。

永禄六年（一五六三）、幸隆は吾妻郡の要害岩櫃《いわびつ》城★を落とした。元亀二年（一五七一）には白井城（現・群馬県渋川市）も陥落させ、上州への進出を着々とすすめていった。しかし、天正元年（一五七三）四月、幸隆の後ろだてともいうべき信玄が信州駒場で病死してしまう。跡目は四男の勝頼《かつより》が継いだ。信玄の跡を追うように、幸隆も天正二年に死去する。

真田の家督は長男信綱《のぶつな》が継いだ。しかし、天正三年五月、武田軍は織田信長・徳川家康連合軍と長篠で戦い敗れる。この戦いで信綱と弟の昌輝《まさてる》が戦死してしまった。

昌幸、家督を継ぐ

二人の有力な指導者を失った真田氏は、後継として三男の昌幸《まさゆき》が継ぐことにな

岩櫃城の図（真田宝物館蔵）

▼岩櫃城
現在の群馬県吾妻郡東吾妻町の岩櫃山にあった山城。築城年、築城主ともに不明。戦国時代は斎藤氏の居城であったが、永禄六年（一五六三）、憲弘の時に真田幸隆に攻められて落城する。その後は真田氏の居城となる。慶長十九年（一六一四）に廃城となった。

った。昌幸は七歳の時に武田氏の人質となり甲府にあった。成人して武藤姓を名乗り、武藤喜兵衛尉と称していた。相続にあたり真田姓に復した。

天正八年（一五八〇）、昌幸は沼田城（現・群馬県沼田市）を攻略し、北上州の支配を確立する。しかし、天正十年三月、織田信長に攻められた武田勝頼はわずかの家臣と家族とともに自害する。戦国の雄武田氏の滅亡である。

勝頼自害の報を聞いた昌幸は、変わり身早く信長に忠誠を誓う。ところがそれから間もなく、信長は明智光秀の奇襲を受け本能寺で自害してしまう。信長死後の東信濃は徳川・上杉・北条の勢力争いの場となった。その中で昌幸は臣従する相手を次々と変えながら生き残る術を探っていた。

天正十一年、昌幸は、それまで本拠としていた菅平の麓（現・上田市真田周辺）から現在の上田城址のある尼ヶ淵に築城を開始した。

天正十二年、家康は秀吉との対抗上、北条氏との連携を深め、昌幸に対し沼田城を北条に引き渡すように命じた。昌幸はこの命令を拒み、それまで臣従していた家康から離れ、越後の上杉景勝に近づいた。家康はこの事態に激怒し、真田攻めを決意する。天正十三年八月、徳川方は七〇〇〇人の大軍で上田を攻めた。対する真田方は二〇〇〇人ほどの兵力であった。戦いは国分寺付近の神川の河原を主戦場に行われた。

昌幸は得意の奇襲戦法で徳川方を翻弄し、ついには家康を信濃から追い払った。

沼田城址。築城当時の石垣

この戦いに参戦した信幸（後の信之）は「去る二日、国分寺において一戦をとげ、千三百余討ち捕り」と沼田城に手紙を送っている。

その後、昌幸は上杉景勝を通して秀吉に臣従していく。天正十三年、昌幸は信幸と信繁（幸村）を伴って大坂に上り、秀吉に謁見している。しかし、老獪な秀吉は心底から昌幸を信頼してはいなかったようで、家康に真田攻めを促すなど、実力者家康を懐柔するために昌幸に対する距離を微妙に変えている。

天正十四年十月、家康は上洛し秀吉に謁見する。ついに秀吉は最大のライバルである家康を臣従させることに成功したのである。その見返りに秀吉は、昌幸に家康の臣下となるよう命じた。昌幸は翌年三月、駿府城に出仕する。天正十七年には昌幸の長男信幸も駿府城に出仕した。

天下統一を目指す秀吉は家康を味方につけたことで、残る敵は小田原の北条氏直だけとなった。氏直は上洛の条件として、真田が領有する沼田領の引き渡しを要求してきた。

天正十七年七月、秀吉は沼田領の三分の二を北条に引き渡すという裁定を下した。その代わりとして真田には信濃に新しい領土があてがわれた。昌幸はこの裁定に従った。今秀吉を敵に回すことは得策ではないと考えたのであろう。

しかし、その年の十一月になって、沼田城にあった北条の将兵が突然真田領の名胡桃《なぐるみ》城を奇襲した。これが秀吉の北条攻めの理由となった。翌年一月、秀吉は

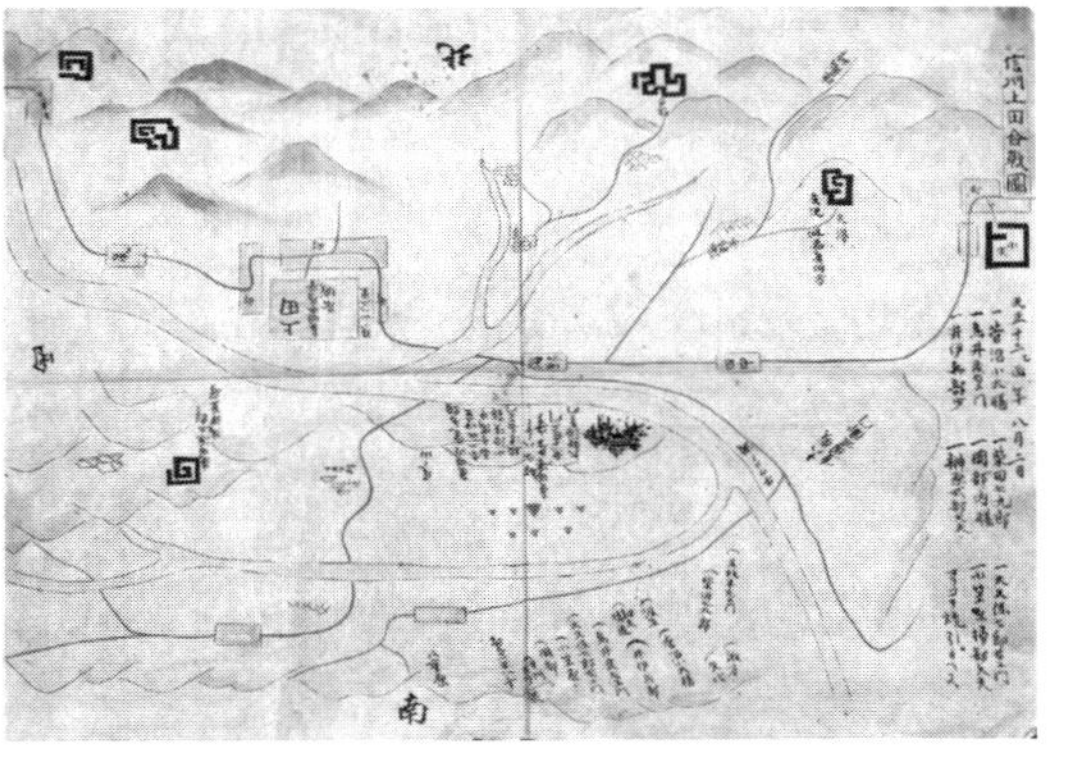

信州上田合戦図（上田市立博物館蔵）

二〇万という大軍を率いて小田原攻めに下った。昌幸もこれに従った。天正十八年七月、小田原城は落ち、北条氏は滅亡した。

北条氏の滅亡により秀吉の天下統一の事業はほぼ完成した。家康は関東に移され、北条氏の旧領が与えられた。家康麾下《きか》の信濃の領主たちの多くが関東に移される中、昌幸は秀吉から小県の旧領が安堵された。長男の信幸は家康から沼田領を安堵された。この間信幸は家康の重臣である本多忠勝の娘小松姫を娶り、家康への接近を強めた。信繁は秀吉の家臣である大谷刑部義継の娘を妻とし、秀吉との関係を強めていった。

慶長三年（一五九八）に秀吉が亡くなるまで、真田家は平穏な時代を過ごした。天正十九年の朝鮮出兵はあったが、この間、上田の城下町の整備が進んだものと思われる。近年になって上田城址から当時のものと思われる金箔瓦が出土している。本格的な城郭が築かれていたのであろう。

上田城

信幸、昌幸・信繁と袂を分かつ

秀吉没後の政治は、遺言により秀頼を立て、五大老・五奉行の合議制で行われることになった。しかし、軍事力に勝る家康は次第に発言力を強めていった。それには石田三成や上杉景勝といった大名たちが反発し、反徳川の動きを強めていた。

慶長五年（一六〇〇）五月、家康は全国の大名に上杉景勝討伐の動員令を下した。昌幸・信幸の父子はこれに応じ、七月に下野国犬伏《いぬぶせ》（現・栃木県佐野市）に陣をしいた。出陣を前にして緊迫する真田の本陣に、反徳川の奉行たちからの密書が届いた。秀頼を立てて家康打倒のために挙兵するから参加するように、という勧誘の書状であった。

事の重大さに昌幸は、自らの陣に信幸を呼び寄せた。信繁も交えて父子三人の密談の末、昌幸と信繁は石田方に、信幸は徳川方につくという結論を得た。これについては後世になって、真田の名を残すための昌幸の苦肉の策であると解釈する説が有力であるが、戦国時代にあっては、親子・兄弟が敵味方に分かれて戦うということはまれなことではなかった。

信幸の沼田は家康から安堵されたものであり、昌幸の小県は秀吉から安堵されたものである以上、その恩顧に報いるというのは自然な流れであった。もちろん真田氏の存続という昌幸のしたたかな計算もその裏にはあったではあろう。

七月十九日、石田三成は伏見城を攻撃する。天下分け目の戦いがはじまったのだ。昌幸と信繁は急ぎ上田に引き返した。信幸は犬伏にとどまり、秀忠軍に合流した。これを聞いた家康は、次のような書状を信幸に送り、その忠義を褒め称えた。

真田父子犬伏密談図（想像図）
（上田市立博物館蔵）

「今度安房守別心のところ　其の方忠節を致さるの儀　誠に神妙に候　然らば小県の事は親の跡に候間　違儀無く遣はし候　その上身上何分にも取り立つべきの条　その旨を以て　いよいよ如在に存ぜらるまじく候　仍って件の如し

慶長五年七月廿七日　家康　真田伊豆守殿」

家康は江戸にとって返し、九月一日に三万三〇〇〇の大軍を率いて東海道を西に向けて出発した。秀忠もまた、三万八〇〇〇の軍勢で八月二十四日に宇都宮を発ち、こちらは中山道を西に向かった。

秀忠は追分で中山道をそのまま進まずに北国街道に道をとり、小諸城に入った。邪魔な存在である真田をこの際潰してしまおうという作戦だったようだ。九月五日、上田城への攻撃がはじまった。信幸はこの攻撃軍の中にいた。

守る真田はわずか二五〇〇の手勢。しかし、その執拗な攻撃を撥ねつけ、城には一歩たりとも近づけさせなかった。とうとう秀忠は上田城への攻撃をあきらめ、十一日に兵を中山道に戻し、関ヶ原へと出発した。九月十六日、秀忠軍は木曾福島に到着したが、関ヶ原の戦いは前日にはじまり、その日の夕方には徳川軍の大勝利で幕を下ろしていた。遅参した秀忠に家康の怒りはおさまらなかった。しばらく面会を許さなかったという。

家康は石田三成、小西行長らの首謀者を処刑し、西軍についた大名を取り潰した。昌幸の上田も取り潰しにあい、信幸の必死の嘆願で昌幸・信繁の死罪だけは

真田父子上田籠城図
（豊寅画・上田市立博物館蔵）

免れた。

昌幸、信繁、九度山へ流される

関ヶ原の戦いの後、真田昌幸が心血を注いで築いた上田城は徳川方により取り壊された。しかし、信幸には沼田領三万石に加えて、上田領六万五千石もあてがわれた。信幸は名を信之と改め、改めて家康に忠誠を誓った。

昌幸と信繁は高野山（和歌山県）への配流が決まった。慶長五年（一六〇〇）暮れ、二人はわずかな供を連れて西に旅立った。昌幸に付き従った家臣一六名、信繁についても同じか、それ以上の家族や家臣が同行したと伝えられる。高野山では真田家とゆかりの深い蓮華定院にしばらくとどまり、やがて麓の九度山村に移った。

昌幸らの九度山での生活は、主に信之からの合力《ごうりき》（手当金）によって支えられた。この金額がどれほどであったかは不明だが、合力の追加を要請する手紙や病気で生活が苦しいという手紙が昌幸から国元に送られていることから、その暮らし向きは楽ではなかったのではないかと想像される。そのほかに蓮華定院や地元の大名からの援助があった。

慶長八年二月、徳川家康は征夷大将軍となり江戸幕府を開いた。同十年には将

真田幸村画像
（上田市立博物館蔵）

軍職を秀忠に譲り、世襲を印象づけた。世の中は平和を取り戻し、昌幸らも赦免を期待したが、なかなかその沙汰は下りなかった。真田の力が怖かったのか、真田に対する恨みが深かったのか、おそらくその両方であったろうが、昌幸には厳しい晩年であった。

慶長十六年六月、昌幸は九度山で死去した。六十五歳であった。戦国の世に生まれ、武田、徳川、北条、豊臣と次々と付き従う相手を替えながら、したたかに生き抜いてきた武将の寂しい最期であった。

昌幸が死んでからは、古くからいた家臣も一人去り、二人去りして周辺はだんだんに寂しくなった。仕送りも減り、生活はさらに苦しくなった。内職に「真田紐」を作り、これを家来たちが全国に売り歩いたというが、これはあくまで伝承だ。

再び真田が歴史の舞台に躍り出るのは大坂の陣においてである。慶長十九年七月、家康は方広寺の鐘銘「国家安康　君臣豊楽」に難癖をつけ、大坂征討を全国の大名に号令する。十月には信之のもとにも出陣命令が届いた。信之は病気を理由に自らは出馬せず、長男信吉と信政を出陣させた。

対する豊臣方も、全国の豊臣恩顧の大名や関ヶ原の戦いで禄を失った牢人たちに支援の要請をした。しかし、天下の大勢はすでに決しており、豊臣につく大名はいなかった。

大坂城

信繁、大坂の陣で奮戦

信繁のもとにも大坂からの使者が訪れた。この時の条件は黄金二〇〇枚、銀三〇貫文、五十万石の大名として処遇するというものであった。信繁は承知した。

十月九日、信繁は長子大助以下三〇〇人の軍勢を率いて九度山を脱出、大坂に向かった。十四日、大坂城に入った信繁には兵六〇〇〇人が与えられた。真田兵は真っ赤な鎧甲冑に幟《のぼり》、指物《さしもの》まで赤一色で「真田の赤備え」と呼ばれて徳川方から恐れられた。

しかし、作戦会議において信繁の策は容れられなかった。あくまでも先制攻撃を主張する信繁に、重臣たちは籠城する作戦を決めた。仕方なく信繁は城の南方に「真田丸」という砦を築き、ここで徳川方の攻撃を防ぐ作戦に出た。真田丸の周りに空堀や柵を築き、ここに突進する敵に弓や鉄砲で攻撃しようというのだ。作戦は見事に成功し、ほかの砦が破られる中、真田丸だけは敵を一歩も近づけさせなかった。

難攻不落の大坂城は家康を手こずらせた。家康は作戦を変え、豊臣との和睦を申し入れてきた。この時の条件として徳川方は大坂城の外堀の埋め立てを強く主張した。信繁の反対にもかかわらず、秀頼や淀君はこの条件を受け入れ、外堀埋め

真田幸村勇戦之図
（歌川芳虎画／上田市立博物館蔵）

立ての工事がはじまった。ところが巧緻にたけた家康は外堀ばかりか二の丸・三の丸の堀までも埋め立ててしまった。ついには大坂城は本丸だけの裸の城になってしまったのである。

この間にも、大坂での働きのめざましい信繁に、徳川方からひんぱんに勧誘の工作がなされた。十万石の大名として取り立てるとか、信濃一国を与えてもよいという条件もあった。しかし、信繁はこれらの誘いを豊臣からの恩顧を理由にことごとく断った。

翌年五月、家康は一五万の大軍を送って再び大坂城を攻めた。堀を埋められた大坂方は籠城戦ができず、場外に出ての接近戦を強いられた。五月七日、信繁は茶臼山に陣をとり、押し寄せる徳川方と戦った。このままでは、圧倒的な軍事力に勝る徳川方には勝てないと見た信繁は、敵の本陣に突入することを決意する。

残った兵を集めて突撃し、家康本陣にまで迫ったが、ついにその首をあげることはできなかった。結局信繁は戦いに疲れ、休息しているところを襲われ首を取られたという。

五月七日、大坂城は落城し、秀頼と淀君は自害した。豊臣氏はここに滅亡し、家康の天下平定が完成したのである。

この大坂の陣における真田信繁、のちに書かれた軍記物では幸村と記されているが、彼の活躍はめざましく、のちの世まで語り草となって伝えられた。特に江戸中期に作られた『真田三代記★』には真田十勇士の原型ともいうべき武将たちも登場する。さらには明治の末、大阪の立川文明堂から出された「立川文庫★」のシリーズはベストセラーとなり、真田人気は確立するのである。

一方の信之は、先に見たように関ヶ原の戦いの後、上田領六万五千石、沼田領三万石を領有する大名になった。上田城が取り壊されていたので、しばらくは沼田城に在城していた。元和二年（一六一六）には沼田領を長男信吉に分知したので、信之は上田に戻り、藩主屋敷で政務をとった。

武田信玄の侵攻以来、小県の地は荒れ、土地を捨てて逃げ出す農民も多くいたが、平和の時代となって帰ってくる彼らに信之は安定して農業ができるように、数々の還住策を講じた。また、水田用の用水堰やため池の整備も行って農業生産の拡大にもつとめた。そんな矢先の松代への移封命令であった。この時、信之はすでに五十七歳という高齢に達していた。

▼『真田三代記』
江戸時代元禄期に作られた読み物であり、真田昌幸・幸村・大助の三代の活躍を描いている。特に大坂の陣においては、幸村が徳川家康をさんざんに苦しめる。後に生まれる真田十勇士のうち、猿飛佐助と望月六郎を除いた八勇士が登場している。

▼「立川文庫」
明治四十四年から大正十三年にかけて、大阪の版元立川文明堂より出版された青少年向け文庫本のシリーズ。中でも講談師玉田玉秀斎と速記者山田酔神によって生み出された真田十勇士の物語は好評で忍術ブームを巻き起こした。造本は四六版半裁のクロス装、縦一二・五センチ、横九センチの小型本で、価格は二五銭から三〇銭程度で、表紙にはアゲハチョウの紋が箔押しされていた。

これも松代

真田幸村と真田十勇士

　大坂の陣における真田信繁（のちに書かれた軍記物では幸村と記されている）の活躍はめざましく、のちの世まで語り草となって伝えられた。特に江戸中期に作られた『真田三代記』には真田十勇士の原型ともいうべき武将たちも登場する。さらには明治の末大阪のから出された「立川文庫」のシリーズはベストセラーとなり、真田人気は確立するのである。

　真田幸村の英雄化の歴史を振り返ってみると、大坂夏の陣による豊臣氏滅亡からまもない寛文十二年（一六七二）には軍記物『難波戦記』が出ている。これは関ヶ原の戦いの後から書き起こされ、家康の死去で終わるが、中心はなんといっても大坂の陣で、豊臣の残党の記憶にある真田幸村・大助（信繁の嫡男）親子の奮闘を膨らませたかたちで成立したものではないかと思われる。『難波戦記』は徳川の世をはばかって写本のかたちで普及しており、何種類かの写本が確認されている。

　元禄期の成立である小説『真田三代記』も写本として広く読まれ、のちに講談になったりして真田幸村の人気を高めた。『難波戦記』が大坂冬の陣・夏の陣を中心に描いているのに対し、『真田三代記』はそのタイトルのとおり真田昌幸・幸村・大助三代の活躍を描くという体裁になっている。この『真田三代記』においては十勇士のうち何人かが幸村の影武者となって華々しい活躍を見せ、壮絶な戦死を遂げるのである。

　幸村は『真田三代記』では大坂で戦死せずに、秀頼を守って薩摩に落ち延び、ここで病死したということになっている。この話は戦後まもなくから京や大坂では噂されていたようで「花のようなる秀頼様を鬼のようなる真田がつれてのきものいたり加護島へ」という唄が歌われていたという。

　明治になると、「真田もの」は解禁となるわけだが、その名を広めたのは何といっても講談の流行であった。真田幸村は庶民のヒーローとなり、忍者猿飛佐助も生まれたのである。

　明治四十四年（一九一一）大阪の立川文明堂から立川文庫が発刊される。立川文庫は、講談師玉田玉秀斎らが中心となって巷で演じられていた講談を読み物として再編集したもので、その一冊として『知謀 真田幸村』が出版される。それに続き、『真田三勇士忍術名人猿飛佐助』・『真田三勇士由利鎌之助』『真田三勇士忍術名人霧隠才蔵』などが出された。立川文庫では、真田幸村を助ける家臣として真田十勇士が描かれ、彼らもまた大正・昭和の庶民の英雄となる。

　この忍術を駆使する真田十勇士の活躍は、当時の新しいメディアである活動写真の目のつけるところとなり、猿飛佐助などが活躍する作品が次々と作られた。

　立川文庫によると十勇士のメンバーは次の一〇人だが、その後の小説や映画では設定や人名が少しずつ変わっている。

・猿飛佐助《さるとびさすけ》

真田十勇士いちばんの人気者で、忍術の名人。立川文庫では大正三年『真田三勇士 忍術名人 猿飛佐助』が発行されている。立川文庫の四〇冊目で、爆発的な売れ行きを示し、世に忍術ブームを引き起こした。猿飛佐助は、立川文庫の作者たちによって生み出された架空の英雄である。佐助の初出は明治四十二年中川玉成堂刊行の『真田幸村漫遊記』であるという。玉田玉秀斎口演、山田酔神速記のいわゆる書き講談である。それから猿飛佐助の登場する幸村漫遊シリーズは何作か出され、立川文庫創刊後は『真田幸村』などに受け継がれていくのだが、佐助が忍術名人としてスーパーマン的な活躍をするのは『猿飛佐助』からである。猿飛佐助とはまことに語呂のいい名だが、そんな家臣が真田家にいたという記録はなく、酔神が四国石鎚山の麓にある猿飛橋からヒントを得て創作したのだという。

猿飛佐助が修行したという
鳥居峠

• 霧隠才蔵《きりがくれさいぞう》

『真田三代記』に登場する霧隠鹿右衛門を元にした架空の忍者とされる。立川文庫の五五冊目に『真田三勇士忍術名人 霧隠才蔵』の巻がある。

• 三好清海入道《みよしせいかいにゅうどう》・三好伊三入道《みよしいさにゅうどう》

この兄弟は、『真田三代記』では出羽国亀田の領主出身、立川文庫では三好氏出身であるとされ、猿飛佐助を助けて旅をするが、どちらかというとコミカルな役回りである。大坂の陣において討死した三好政康がモデルと考えられている。政康の弟の三好政勝は伊三入道のモデルとされるが、史実の政勝は徳川方についている。二人ともこの時八十代という高齢であった。

• 穴山小介《あなやまこすけ》（小助）

穴山小助ともいう。『真田三代記』によれば、「武田旧臣の穴山信君（武田氏の家臣）の縁戚」と言われる。大坂夏の陣において、真田幸村の影武者をつとめ戦死したとされる。

• 由利鎌之助《ゆりかまのすけ》

『真田三代記』にも、由利鎌之介の名で登場する。立川文庫に『真田三勇士 由利鎌之助』の巻がある。最初は幸村をつけ狙っていたが、捕まり改心して家来となった。

• 筧十蔵《かけいじゅうぞう》

『真田三代記』では筧十兵衛の名前で登場する。火縄銃の名手。

• 海野六郎《うんのろくろう》

『真田三代記』には、海野六郎兵衛利一として登場する。海野は滋野一族では由緒ある姓である。

• 根津甚八《ねづじんぱち》

モデルは禰津小六とされる。禰津姓もまた滋野三家のひとつである。

• 望月六郎《もちづきろくろう》

爆弾製造に長けていた。『真田三代記』では、望月卯左衛門幸忠として登場する。望月姓もまた滋野三家のひとつ。

これも松代

真田家の紋章

真田といえばその旗印六文銭《ろくもんせん》（六連銭）が有名だが、ほかに「結び雁」「洲浜《すはま》」も用いられている。

この「六文銭」のいわれについて『松代町史』は次のように記している。「伝ふる所に依れば海野弥平四郎幸広木曾義仲の命に依り、平家追討の大将として備中国水島に陣を取りたる時、たまたま海上穏にして浪の紋渦巻き恰も銭を連ねたるが如し、是吉祥なりとて幸広大に喜び今迄用ひ来りし幕の紋洲浜を六文銭に引替へて之を家紋とせりといふ」。この真偽は別として、「六文銭」が真田氏の祖である海野氏の紋であったことは確かなようだ。

「六文銭」の意味はよくいわれているように、三途の川の渡し賃と考えるべきであろう。仏教説話にある話で、棺に六文銭を入れる方式は今でも広く行われている。出陣に当たっての武将の決死の覚悟を示すのが六文銭の意味であろう。

六文銭の旗をなびかせて戦う姿は大坂の陣に決死の覚悟で臨んだ真田信繁（幸村）にいちばん似合い、古今の物語にもそのように描かれているが、信繁は果たして六文銭の旗印のもとに戦ったのだろうか。「大坂夏の陣屏風」に描かれる真田隊は真っ赤な旗印で戦っている。事実、真田隊は軍装も赤で、「真田の赤備え」といわれ敵に恐れられたという。大坂の陣には徳川方として、信之の息子たちも参戦しており、こちらもまた六文銭の旗印を掲げていたことであろう。

六文銭

結び雁

洲浜

割洲浜

②真田信之の松代移封

関ヶ原の戦いで徳川方についた信之は西上野と合わせて父昌幸の領地上田も領有した。しかし、天和八年松代に移封になる。
真田家はここで明治維新を迎えるが、その基礎は信之一代の間にほぼ固められた。

真田以前の松代藩

平成九年（一九九七）に刊行が開始された『長野市誌★』では、元和二年（一六一六）七月の松平忠昌の入封によって松代藩の成立としている。その理由として、前藩主松平忠輝は松代に城代を置いて統治していたのであり、忠昌の代になって初めて領主による直接統治となったからであるとしている。本書もこれにならい、松平忠昌の移封から章を改め、「松代藩の成立」とする。

松平忠昌の旧領は常陸下妻（現・茨城県下妻市）である。忠昌は、慶長二年（一五九七）の生まれで、父は徳川家康の二男秀康である。秀康は天正十二年（一五八四）、実子に恵まれなかった羽柴秀吉のもとに養子に出されたが、天正十七年に鶴松が誕生したため、今度は下野の結城氏に養子に出され、結城姓を名乗った。

▼長野市誌
長野市が市制施行百周年を記念して平成九年（一九九七）より刊行をはじめた。全十六巻からなり、編集は長野市誌編さん委員会、発売は東京法令株式会社。平成十七年（二〇〇五）に完結した。

関ヶ原の戦いの後、秀康は越前北庄《きたのしょう》（現・福井県）に六十七万石で加増・移封となった。この頃、家康は自分の後継を誰にするか重臣たちに訊ねたことがあった。多くの者が秀康を推し、秀忠を支持したのは大久保忠隣だけであったという。しかし、家康はなぜか秀忠を後継にした。

慶長十二年、忠昌は祖父家康、叔父秀忠に謁見し、上総姉ヶ崎（現・千葉県市原市）に一万石を与えられた。さらに、大坂夏の陣ではめざましい戦功をあげ、恩賞として下妻三万石の領主となった。その後、元和二年に松代十二万石の領主となったものである。しかし、二年後の元和四年には越後高田に二十五万石を与えられ、松代を去っている。松代時代に目立った事績は残されていない。松代城の名は、忠昌によって定められたものであるという。

忠昌はその後、兄忠直が改易となった越前北庄五十万石を継承する。正保二年（一六四五）八月一日、江戸霊岸島の越前藩中屋敷にて死去する。

松平忠昌が高田に移封になった後に代わって松代藩主となったのは酒井忠勝である。忠勝は、元和四年三月、越後高田十万石から松代十万石に移された。忠勝は文禄三年（一五九四）の生まれ、父は高田藩主となった家次、祖父は家康の四天王の一人といわれた忠次である。元和四年三月に父家次が病死し、跡を継いで高田藩主となった矢先の移封であった。

忠勝の治政は、松平忠輝、松平忠昌を引き継いで、領内の安定に力が注がれた。

高田城址

打ち続く戦乱の世が終わり、荒廃した田地の回復を目指し、逃散した百姓を呼び戻して耕作にはげませた。また、新田の開発にもつとめて、年貢の自然増をはかった。

元和八年八月、忠勝は出羽鶴岡（山形県鶴岡市）に十三万八千石で移される。酒井家はそのまま幕末まで庄内（鶴岡）藩主としてとどまり、明治維新を迎える。戊辰戦争では最後まで官軍に抵抗し、徳川に忠誠を尽くした。

信之、松代城主となる

元和八年（一六二二）、上田城主真田信之が松代に移封された。埴科・更級・水内・高井の十万石に加えて、これまで領有していた上野国利根郡・吾妻郡の三万石はそのまま安堵され、合わせて十三万石で移封してきた。この年の十月十三日付の家老井浦対馬守に宛てた書状に、領地替えの事情が記されている。

「今度お召しにより図らずも江戸に参府いたしたところ、川中島において知行を拝領した。特に松代は名城で、北国の要の要害である。ここに拠って支配するように将軍家より直々に申し渡されたことは家門の名誉、幸せ至極のことである★」

しかし、追って書きには、年を取っての移封はつらいが子孫の安泰のためにやむをえないという苦しい心情を吐露している★。もともとが小県（上田市・小県郡一

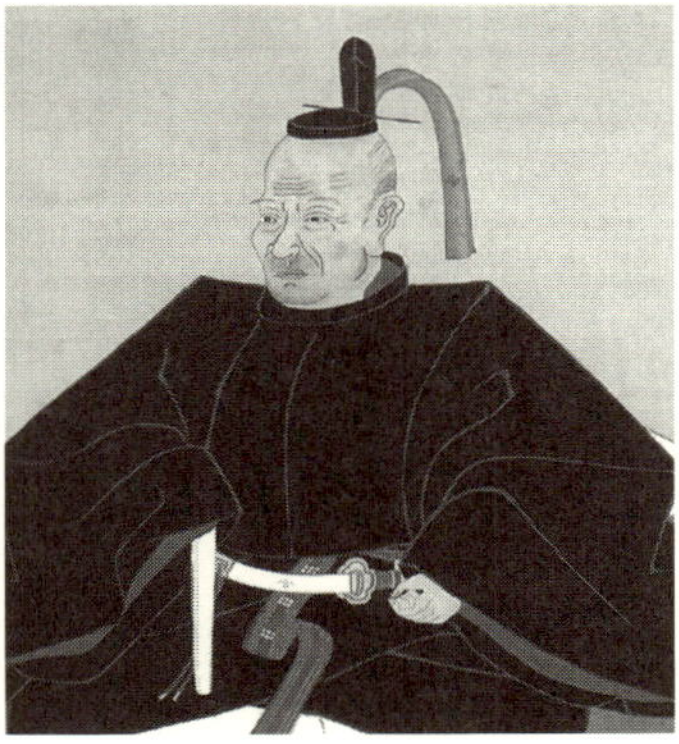

真田信之画像
（真田宝物館館蔵）

▼原文
「今度召に付、不図、参府仕候処、於川中島、御知行令拝領候、殊に松城之城之儀は名城と申、北国かなめの要害に候間、我等罷越、御仕置可申付之由、被仰出候、彼表之儀、拙者に被任置候旨、御直に条々御諚候、誠に家之面目、外実共、無残仕合に候」

▼原文
「尚々、我等事もはや及老後、万事不入儀と令分別候へ共、上意と申、為子孫候条、任御諚、松城へ相移候事、於様子可心易候」

帯）は、真田氏の発祥の地であり、祖父幸隆、父昌幸の二代にわたって獲得し、守り育ててきた領地である。土地や領民に対する愛着は並々ならぬものがあっただろうことは想像に難くない。そこには幕府の冷酷な仕打ちへの信之の恨みも聞こえてくる。

徳川家にとって、上田は苦い思い出の地である。天正十三年（一五八五）、慶長五年（一六〇〇）の二度にわたって昌幸に苦しめられている。さらに、大坂冬、夏の陣では信之の弟信繁（幸村）が家康をさんざんに翻弄している。徳川幕府の基礎固めをしている将軍秀忠には、真田の存在は不気味であったろう。この機会に信之を先祖伝来の地から引き離そうという意図もあっての松代移封ではなかったかとされている。

真田信之は長命であった。万治元年（一六五八）に引退先の柴村の屋敷で生涯を終えている。九十三歳であった。だが、その人生は決して平穏であったわけではない。

真田氏は信之の祖父幸隆の代から武田信玄に臣従したが、信之が元服を迎える頃には武田氏は滅亡し、父昌幸は自領を守るために戦いに明け暮れる毎日であった。

関ヶ原の戦いにおいては、父昌幸、弟信繁（幸村）とは袂を分か

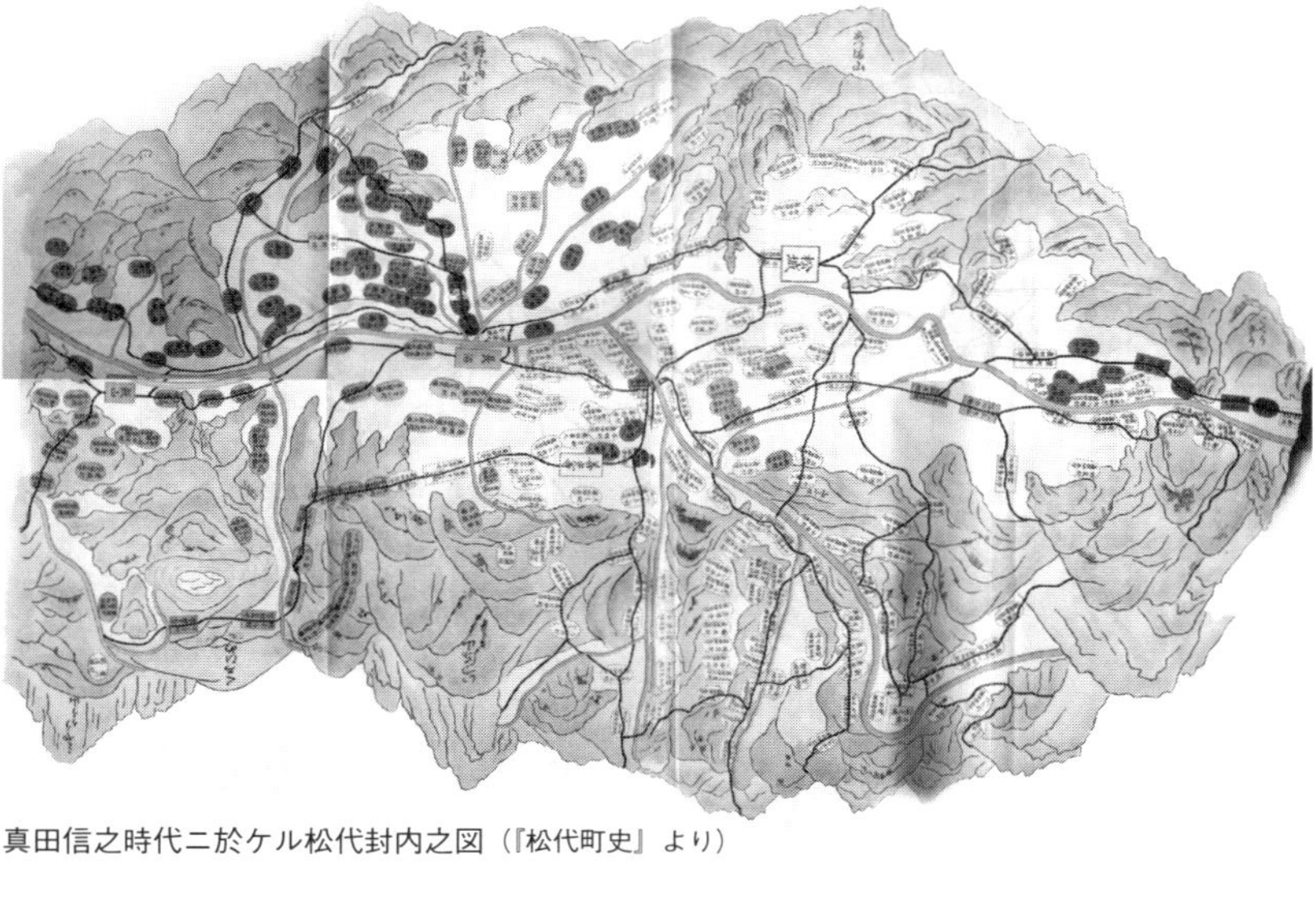

真田信之時代ニ於ケル松代封内之図（『松代町史』より）

ち、徳川方についた。その褒賞として沼田領は安堵され、父の領地であった上田領も信之のものとなった。しかし、その平和の時代も束の間で、松代への移封となったのである。

上田時代に比べ、四万石の加増となり、上州沼田の三万石と合わせ、十三万石の大名となった。信之は、このうち沼田三万石を長男の信吉に分知し、二男信政に信濃国のうち一万石を、三男信重に七千石を分知した。

しかし、沼田の信吉が寛永十六年（一六三九）に没し、その跡を継いだ長男熊之助も夭逝してしまう。信之は信政に沼田領のうち二万五千石を与え、残りの五千石は熊之助の弟でまだ幼い信利に継がせた。信政の信濃の一万石は信重に与えた。その後、信重もまた若くして没し、後継者がいなかったため、一万七千石は信之に戻された。

明暦三年（一六五七）、信之はようやく幕府より隠居を許された。真田十三万石のうち、松代十万石は信政が、沼田三万石は信利が継いだ。これまで何度も隠居を願い出ていながら、なかなかその許可が下りなかったのは、表向きは将軍家綱が幼少のためとされているが、実際は真田潰しを画策していたのではないかともいわれている。信之は九十を過ぎた高齢である。もしものことがあった場合、後継者がいなければ取り潰しになる。将軍家にとって苦い思い出のある真田はできれば取り潰してしまいたい大名であったのかもしれない。

ようやく隠居を許されて、信之は城下にほど近い柴村に隠居所をつくり移り住んだ。供する者は侍五〇人のほか足軽・中間など三百余人。信之はここで剃髪して名を一当斎とした。

二代目藩主をめぐるお家騒動

二代目を継いだ信政であったが、翌年の明暦四年（一六五八）二月五日、松代城において病気にかかり亡くなってしまう。もっとも、この時信政は六十二歳になっており、当時としては決して早逝ということではなかった。信之が長命すぎたのである。

信政は、自分の息子である幸道に松代十万石を継がせたいと願い、そのような遺書を幕府老中宛に残していた。しかし、幸道はまだ二歳である。この相続をめぐってお家騒動が起きたのである。

幸道がまだ幼いということから、沼田藩主の信利を松代藩主にという動きが出てきたのである。幸道相続については信之の添え状もあったが、信利にも有力な後ろ盾がいた。信利の父信吉の内室は酒井雅楽頭忠世の娘で、時の老中酒井忠清は忠世の孫に当たる。

やがて、江戸から老中の内意として「真田家将来のことを深く慮るに右衛門佐殿（幸道）は未だ幼少の身で家督が覚束ないから、松城十万石の所領は沼田三万石の領主真田伊賀守信利に相続せしむるが至当である」ということが伝えられた。

この内意をめぐって松代藩の中では、幸道派、信利派に分かれ、大平喜間太《おおひらきまた》の『松代町史』によれば「松城藩中に於ても窃《ひそか》に沼田へ心を通じ之れに内応するの士もあり斯くて騒動は益々激烈を加へ」た。幸道派も「万一伊賀守信利に家督相続の上意があった場合は、飽く迄も之に反対して訴訟を起し、尚且つ聴き容れられぬ時は、亡君（信政）の御供をして一同城を枕に屑く相果てんと覚悟を極め、何れも誓紙血判を行った」

この模様は逐一江戸に報告されていた。このまま信利相続を強行すれば、松代

真田氏略系譜

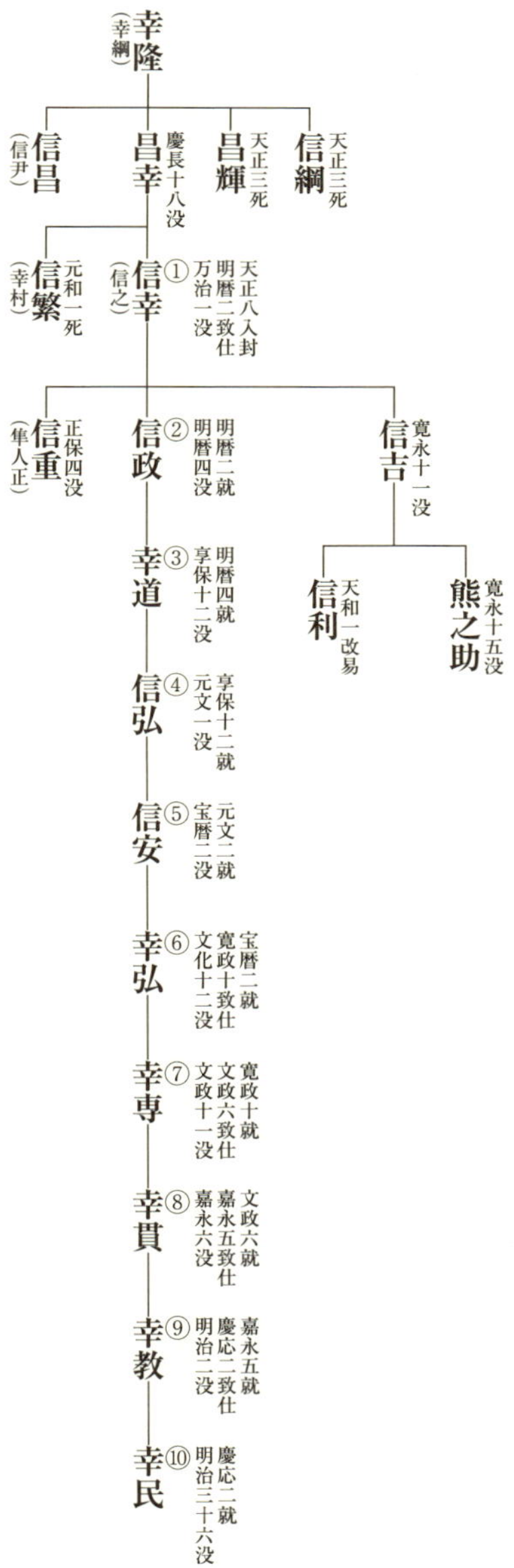

において一大騒動が勃発するのではないかと危惧した酒井忠清は、「伊賀守に家督せしむるの非を悟り、飜然として右衛門佐に家督を相続せしむるの決意を為す処があった」

このお家騒動には後日談があって、ついには沼田三万石の取り潰しにまで発展する事態となるのである。松代十万石を相続することがかなわなかった信利は、それにより自暴自棄となって不行跡の振る舞いが多くなった。そのため藩士はもとより、領内の百姓・町人たちも大いに困窮したのであった。ついには「磔茂左衛門」の伝説に見るような越訴にまで発展するのである。

延宝八年（一六八〇）の秋、江戸の両国橋が暴風雨のために流されてしまった。幕府はただちに再建の方針を決め、舟越越左衛門・松平采女を橋奉行に任命した。この工事を請け負ったのが大和屋久右衛門であった。久右衛門は橋材に使う欅を沼田領から伐り出すことにし、沼田藩の協力を仰いだ。しかし、なかなか良材は見つからず、おまけに火事によってせっかく伐り出した材木が焼失するという事故もあって、工事は容易に進捗しなかった。

幕府は工事の怠慢により久右衛門には入牢を申しつけ、両奉行には閉門を命じた。このとばっちりは沼田藩にも及び、天和元年（一六八一）信利は改易を命ぜ

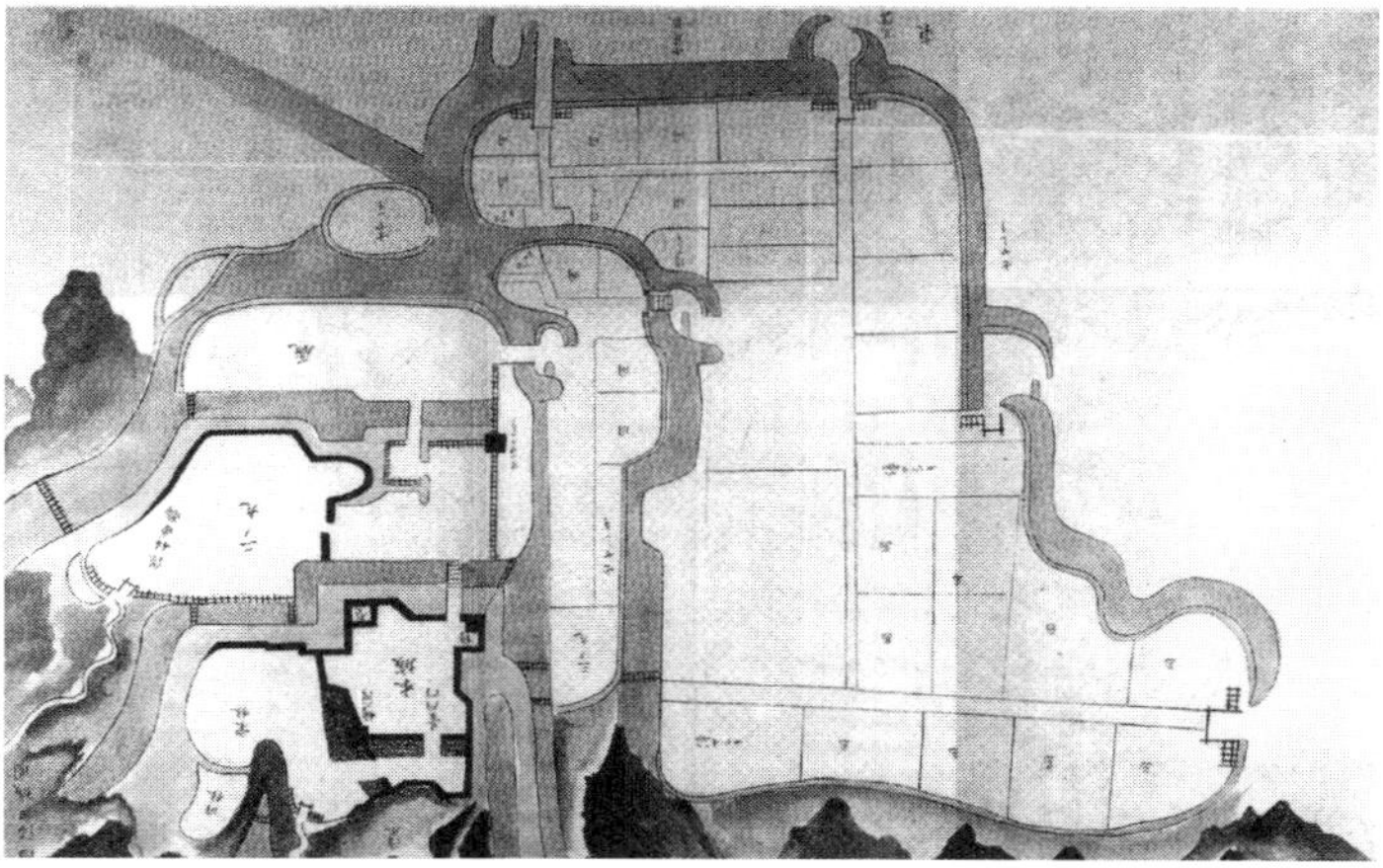

「真田家御事蹟稿附図沼田城」（真田宝物館蔵）

られ、沼田三万石は没収となった。その直接の原因は「両国橋御用木の儀につき不埒なる仕方」ということであるが、加えて「日頃其方行跡悪敷家来並びに百姓困窮の趣重々不届至極」ということもあった。

かくて信利は山形藩（現・山形県山形市）奥平小次郎に、嫡男の信成は赤穂藩（現・兵庫県赤穂市）浅野内匠頭にお預けとなった。信成は沼田を去るにあたり、親子兄弟との別れを惜しみ「あづさゆみ引わかれゆく親と子がみしおもかけをかたみとぞする」との歌を残している。

その後沼田城は取り壊しとなった。沼田領は幕府の直轄領となり、代官が派遣されてきた。沼田城が再建されるのは元禄十六年（一七〇三）本多正永が入封してからである。

松代城下町の形成

北信濃に進出した武田信玄は、永禄年間（一五五八

「松代の図」（三村自閑斎筆）

～一五七〇）山本勘助に命じて海津城を築かせた。川中島の戦いのただ中であったことから、越後の上杉謙信の攻撃に対する備えのためと同時に、川中島平の経略のための拠点としての目的もあった。これを機に、松代城下町の形成がはじまったものとみられる。それ以前は山城の尼巌城の城下町が麓に形成されていたようで、海津城の築城とともに西に移り、現在の町割りになったものと思われる。肴町はその当時の城下町の一部であるといわれる。また、現在の紙屋町には紙屋村がこの頃からあった。築城とともに、武田の家臣や関係する商工業者が移住して町の基礎がつくられた。後に述べる杭全《くまた》家や八田家は、武田の家臣として甲府から移り住んだと言われている。

　武田氏の滅亡後は、歴代の城主によって町の発展はなされてきた。真田信之が入府する頃にはほぼ城下町は完成していたようである。「元和八年壬戌之図」と題された町の絵図を見ると、千曲川を背に城が築かれ、その周囲を武家屋敷が囲むかたちとなっている。武家屋敷は、城の近くに家老などの上級武士の屋敷が並び、その周りに中級武士、その外側には下級武士の屋敷があった。殿町はその名のとおり上級武士の町で、矢沢家・禰津家・小山田家・大熊家・恩田家などの屋敷があった。その外側には厩《おんまや》町・片羽町がある。

　上級武士の屋敷の外側を西から東に北国街道が貫き、その両側に馬喰町・紙屋町・紺屋町といった町人町が並んでいる。街道は伊勢町で鉤《かぎ》の手に曲がり、南から伊勢町・中町・荒神町、その東裏に鍛冶町・肴町があり、藩士たちの生活を支えていた。この八つの町は町八町と呼ばれていた。この町割りは現在もほとんど変わっていない。

この町八町の外にも武家の町があった。初代藩主の真田信之は隠居して柴村に住んだが、多くの家臣が信之に付き従った。信之の死後、家臣たちは城下に戻り、屋敷を与えられて住んだ。それが柴町《しばちょう》である。このほかにも、御安町《ごあんまち》・田町・松山町・袋町・十人町・馬場町・代官町・清須町が中級・下級武士の町であった。また、佐久間象山が生まれた有楽《うら》町《まち》（浦町）や四ッ谷町・竹山町にも武士の屋敷があった。

藩士のほとんどはこの城下町に屋敷をあてがわれて住んだ。その総数は、信之の頃でおよそ一九〇〇人であり、そのうち足軽は一〇〇〇人ほどであったので、武士は九〇〇人ほどであった。

初代藩主信之のとった松代藩の政治は、概ね上田

「元和八年壬戌之図」（県立長野図書館蔵）

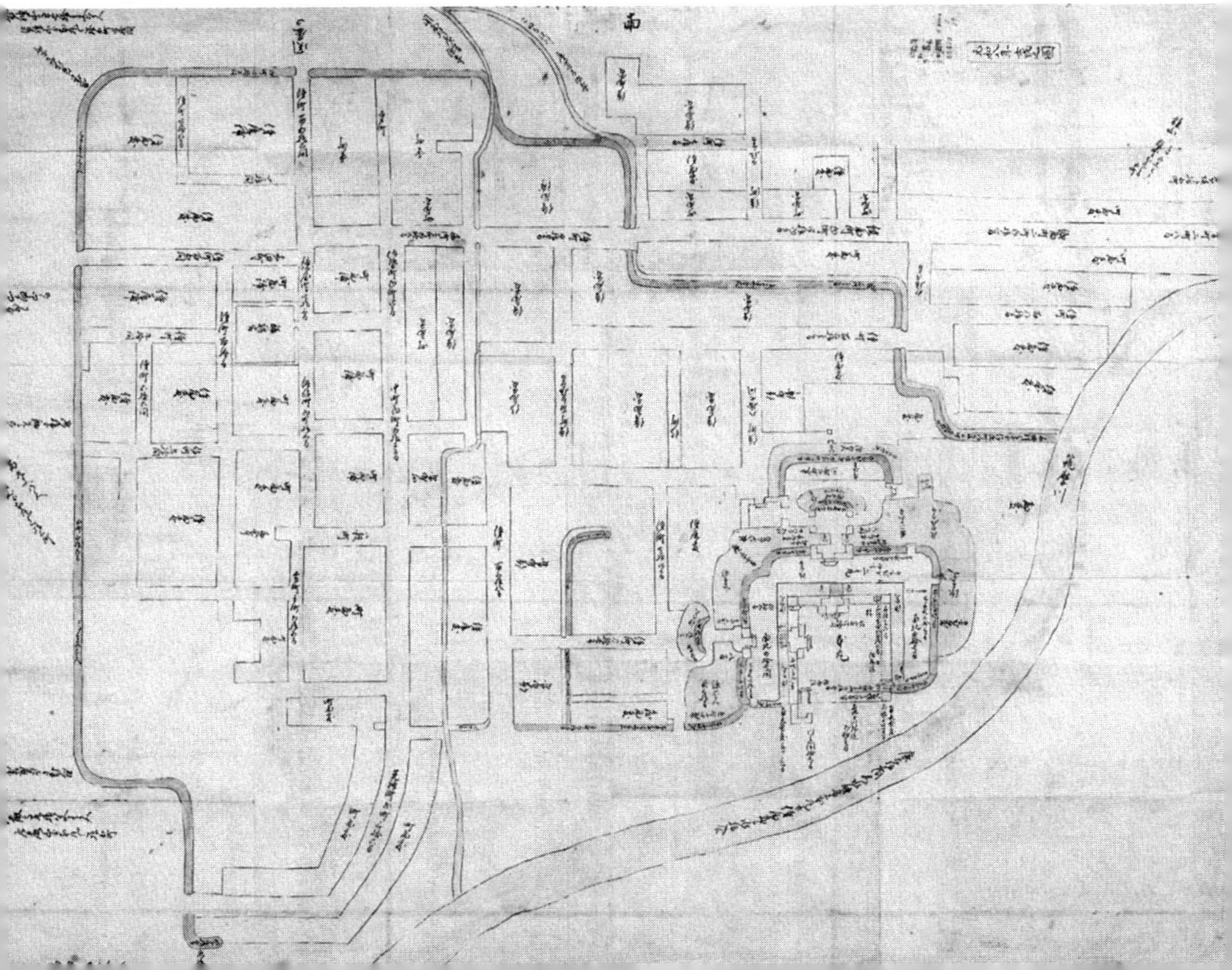

時代のそれを踏襲したものであった。家臣のうちでも、知行地を与えられている地頭は二五〇人ほどいた。上級の家臣で、この中から家老が選ばれた。家老は藩主を補佐して政務を担当し、代々世襲でその職に就いた。蔵米取りの家臣は六五〇人前後であった。

家老の下に、城下町のうちでも町人が居住する町八町を支配する町奉行、年貢の収納や地方の支配を行う郡奉行、寺社や町人町の外側にできた新しい町である町外町の支配を行う職奉行を設けた。郡奉行の下役に代官や手代がいた。代官や手代の配下に足軽・中間がいて年貢の収納や訴訟の仕事をした。

松代藩の参勤交代

参勤交代が制度として確立したのは、三代将軍徳川家光の時代で、寛永十二年（一六三五）の「武家諸法度」の改定により義務づけられた。しかし、家康の時代から参勤交代は行われており、徳川家に忠誠を誓うために大名は妻子を江戸に住まわせ、自らも江戸と領国を行き来した。

「参勤」とは、一定期間を主君（将軍）のもとに出仕することであり、「交代」は、主君より暇を与えられて国元に帰ることを意味した。幕府が大名たちに参勤交代を強く求め、ついには義務化したのは、表向きは徳川家への軍役奉仕という

「海津大絵図」（真田宝物館蔵）

ことであったが、実際には妻子を人質にとることで謀反を防ぎ、大名に出費を強いることでその勢力を削ぐという目的があった。

松代藩の参勤交代は、三代幸道の時代である貞享二年（一六八五）のものから確認できるが、初代信之と徳川家との関係から見ても、おそらく早くから妻子を江戸に住まわせていたものと思われる。

参勤と交代の時期は、外様大名は四月、譜代大名は六月と定められていた。松代藩の場合は六月がその時期で、譜代大名と一緒であった。真田宝物館が発行した『大名の旅　松代藩の参勤交代』(二〇一一年)には七代藩主幸専の参勤交代の旅程が記されているが、それによると、ルートは北国街道と中山道を使い、所要日数は五泊六日であった。参勤は六月朔日に松代を出発し、海野・坂本・倉賀野・熊谷・浦和に泊まり、六日に江戸上屋敷に入っている。交代の宿泊地は、桶川・本庄・松井田・追分・鼠《ねずみ》と異なる宿場に泊まっている。

参勤交代は前にも記したように徳川家への軍役奉仕であったから、各大名はその石高に応じた家臣を引き連れ、武具を携えて出仕することが求められた。そのため大名行列という大がかりな行列を組んで行き来した。その構成は、武器などを持った前線部隊、藩主とそれを警護する者たちの本陣、騎馬隊や小荷駄隊などと続いた。松代藩の本陣には、対の挟箱・十文字鑓・山鳥毛槍が藩主の駕籠の前をすすんだ。

大規模な行列が江戸と国元の間を往復した参勤交代は、かかる費用は膨大で、大名の財政を圧迫した。松代藩の参勤交代は、毎回三〇〇〇両という費用がかかったという。各藩ではこの費用を抑えるために、さまざまな工夫をしたようだが、臨時で奉公人を雇う「通日雇」はどこの藩でも行っていた。「通日雇」は前掲『大名の旅　松代藩の参勤交代』によれば、「現在のアルバイトのようなもので、諸大名が参勤交代などの道中で必要となる荷物の運送を出発地から目的地まで通して請け負う人足のこと」で、松代藩では福嶋屋という業者を使っていたという。

幕府は参勤交代の緩和策として、享保七年（一七二二）に上米の制を定めた。これは石高一万石に対し、百石の米を上納させ、その代わり参勤交代の参勤の期間を半年とする制度で、これは享保十五年まで続いた。

大名には多額の支出を強いた参勤交代だが、このおかげで街道が整備され、宿場が賑わうという効果もあった。また大量の地方の藩士が江戸と国元を往復したわけで、江戸の文化や流行が地方にも伝播した。参勤交代で江戸にやってくる藩士たちは単身赴任で、その数はかなりの数であったため江戸の武士の人口は増え、商店や遊郭が繁盛した。

松代藩江戸上屋敷跡（経済産業省別館）

江戸屋敷での暮らし

藩主は参勤で江戸に来た時は、藩の上屋敷に住んだ。松代藩の上屋敷は幕末の頃には現在の霞ヶ関一丁目、経済産業省別館のあたりにあった。「江戸切絵図」で見ると、新シ橋を渡った左側に真田信濃守屋敷が見える。上屋敷はまた、大名の正室や嫡子の江戸での住まいでもあった。

江戸屋敷と一口に言うが、幕府から与えられた拝領屋敷と、自藩で購入した抱《かかえ》屋敷の二つに大別される。拝領屋敷は、上屋敷・中屋敷・下屋敷とその使用目的により呼び方を変えた。中屋敷は、上屋敷の補助的な役割に使われ、隠居した藩主の住まいとなったりした。下屋敷は、別邸として藩主の静養の場所であったり、火災などの災害の時の一時避難の場所となったりした。国

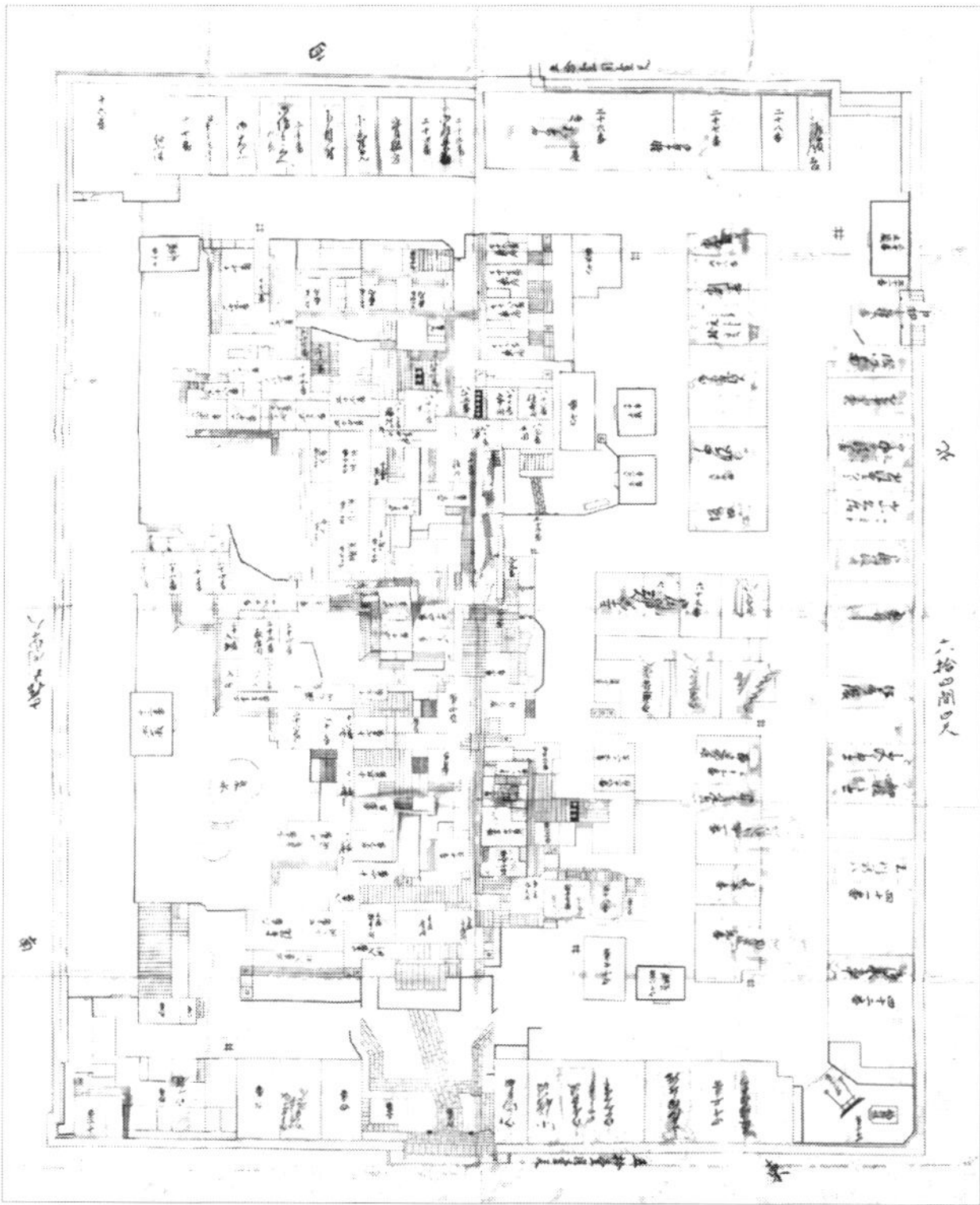

「江府新橋御上屋敷絵図面弐枚之内　水野越前守様御屋敷図面」
（国文学研究資料館蔵）

元からやってきた藩士の宿舎に当てられることもあった。

松代藩の場合は、幕末まで中屋敷を持たなかった。そのため、南部坂にあった下屋敷を中屋敷の代用として使っていたようである。幕末になって、愛宕下と永田町に中屋敷を拝領している。

松代藩の下屋敷は、ほかに深川小松町（現・永代一丁目）にあり、四二七三坪の敷地があった。残された絵図を見ると、この屋敷には広い庭園があり、築山が築かれ、中央には池があった。幕末にはここで佐久間象山が砲学塾を開いていたこともあった。勝海舟が門人となったのはこの時で、中津藩士七三人が入門したのもここであった。象山はその後、木挽町に塾を移した。

これは象山が罪を得て国元に蟄居の身となった後のことであるが、安政二年（一八五五）の十二月、深川の下屋敷で大がかりな砲術訓練が行われたという記録がある。ここには鉄砲細工所や焔硝蔵も設けられており、本来の下屋敷とはだいぶ性格が異なってきていた。

各江戸屋敷には、「江戸詰」と呼ばれる多くの藩士が勤めていた。江戸詰の藩士には、藩主の参勤交代に従って国元から来た者と、江戸に常住する者がいた。江戸詰の藩士は江戸屋敷の長屋に住み、参勤交代に付き従ってきた者たちはいわゆる単身赴任であった。

江戸詰の藩士たちの勤務は、国元での勤務よりは楽だったようで、非番の時な

「信濃国松代藩真田家深川下屋敷図」（江戸東京博物館蔵）

どは江戸見物を楽しんだ。しかし、松代藩の場合は財政的に厳しく、後述するように半知借上げが当たり前になってからは、江戸での生活は経済的には楽ではなかったようだ。国元にあっては野菜などは自家の庭で作ることもできたが、江戸ではそうはいかない。何事も現金がなければ用が足りず、五〇文・一〇〇文の銭の工面にも苦労したという。米を買うにも一度に多量の米を買うことができず、少量ずつ買っていた。武士としての面目もあるので、夜になって米屋に出かけていったのを江戸の人々は「松代藩の提灯袋米」と揶揄したという。

町八町

町八町は町人の町であった。そこには八町全体を束ねる町年寄がいて、藩主が任命して町政全体を司っていた。町年寄には松代宿の宿問屋の杭全家、藩の御用商人八田家などが就き、これは代々世襲であった。町年寄の職務は、宿の伝馬割り、八町の会計を管理する八町割り、宗門人別改、戸籍の移動などであり、全体として町の自治は町年寄を中心に行われた。

町年寄と同様に八町の自治組織を束ねる検断という役職もあり、これは伴《ばん》家が世襲でつとめていた。検断は宿継ぎ荷物の検査、行き倒れとなった旅行者の処置、祭礼行事の処理などの仕事をした。町年寄の下には各町に町名主《なぬし》（町肝煎《きもいり》）や長《おさ》

八田家（伊勢町）

町人《ちょうにん》がいた。町名主は初期の頃は肝煎と呼ばれていたが、宝暦十四年(一七六四)からは名主と称するようになった。これは村方も同様であった。町名主は町の自治組織の中心となって宗門人詰改帳の作成・祭りの差配・町役や夫役の割り当て等の仕事をした。長町人は名主の補佐的な役割をした。町名主や長町人といった町役人は、当初は藩から任命されてその職に就いたが、その後は選挙によって選ばれるようになった。

町名主の下には五人組があった。これは後に述べる村方の場合と同様である。これは相互扶助の組織であると同時に、相互監視の組織であり、ことある時には連帯して責任を負った。町人の身分は、大屋・借屋・役代・加来・下人と細かく分けられていた。役代というのは屋敷や家屋の管理人であり、下人というのは商家などの奉公人であった。加来というのは不明であるが、町人でありながら武家奉公をしている足軽のようなものではないかと推測される。

町人町の負担は、伝馬役・夫役・諸役などがあった。伝馬役は、宿場町としての負担と藩の御用の負担と両用のものがあった。八町全体で年間七〇〇〇匹から八〇〇〇匹の伝馬負担が課されており、これは町にとっては大きな負担であった。夫役は、藩から動員されて人足働きを行うもので、月によってもまた年によっても一定ではなかった。諸役としては、塩役・役麻・御馬場砂入れと称する現物納付の負担があった。役麻は藩から交付された原料の麻を畳の縁糸に加工して納入するものであり、御馬場砂入れは藩の馬場に砂を入れるというものであった。

農村の支配

松代藩の農村支配は、郡奉行によって行われたが、その下に代官、手代がいた。実際に年貢の収納にあたるのは足軽たちであった。

村方においては、各村に肝煎・組頭・長百姓《おとなひゃくしょう》（おさひゃくしょう）がいて、これらは村方（地《じ》方《かた》）三役人と呼ばれていた。肝煎は村の最高責任者であり、組頭はそれを補佐した。長百姓は肝煎や組頭の補助的な役割を担ったが、同時に村政の監視役のような役目もしていた。肝煎は最初は世襲制で、有力な百姓が就いていたが、やがて一年、二年で交代する年番制に改まっていく。肝煎という呼称は松代藩領では一般的に使われたが、他藩や天領では「庄屋」とか「名主」とかいう呼び名に変わっていった。松代藩領でもそれに倣って名主という呼び名に変わっていった。その時期は埴科郡森村（現・千曲市）の中条唯七郎の書き残した「見聞集録」に、「当御領分、肝煎を改めて名主と被仰付候者（小）宝暦十四年六月の事也」とあり、幸弘の治世であったことがわかる。これは町方の場合と同様であった。

延享期（一七四四～一七四八）以降の史料には、村方三役の下に頭立という役が見られる。頭立はもともとが村役人の補助として村内で設けられていた役であったが、そのうちに頭立制として藩で正式に認められた村役人となっていった。頭立をつとめるのは、村役人などにはつけない、生産規模の小さい小前百姓のうちの上層の者で、だんだんに長百姓と同じ扱いを受けるようになった。

百姓には自分の田畑をもつ本百姓と、本百姓に従属する水呑百姓がいた。松代藩では、本百姓のことを「一打《いちうち》百姓」とか「頭判《かしらばん》百姓」とか呼んだ。「宗門改帳」や「五人組帳」に「一」の字が打ってあるためである。一打百姓は五人組の正規の構成員であり、村役人になるのも、また村役人を選ぶのも一打百姓だけに認められていた。しかし、時代が下るに従って一打に従属していた「判下百姓」の中から新一打として認められる者が出てきて、一打百姓は増加した。一方で潰《つぶれ》百姓となって判下に転落する者も出てきた。

北信濃の所領分布図

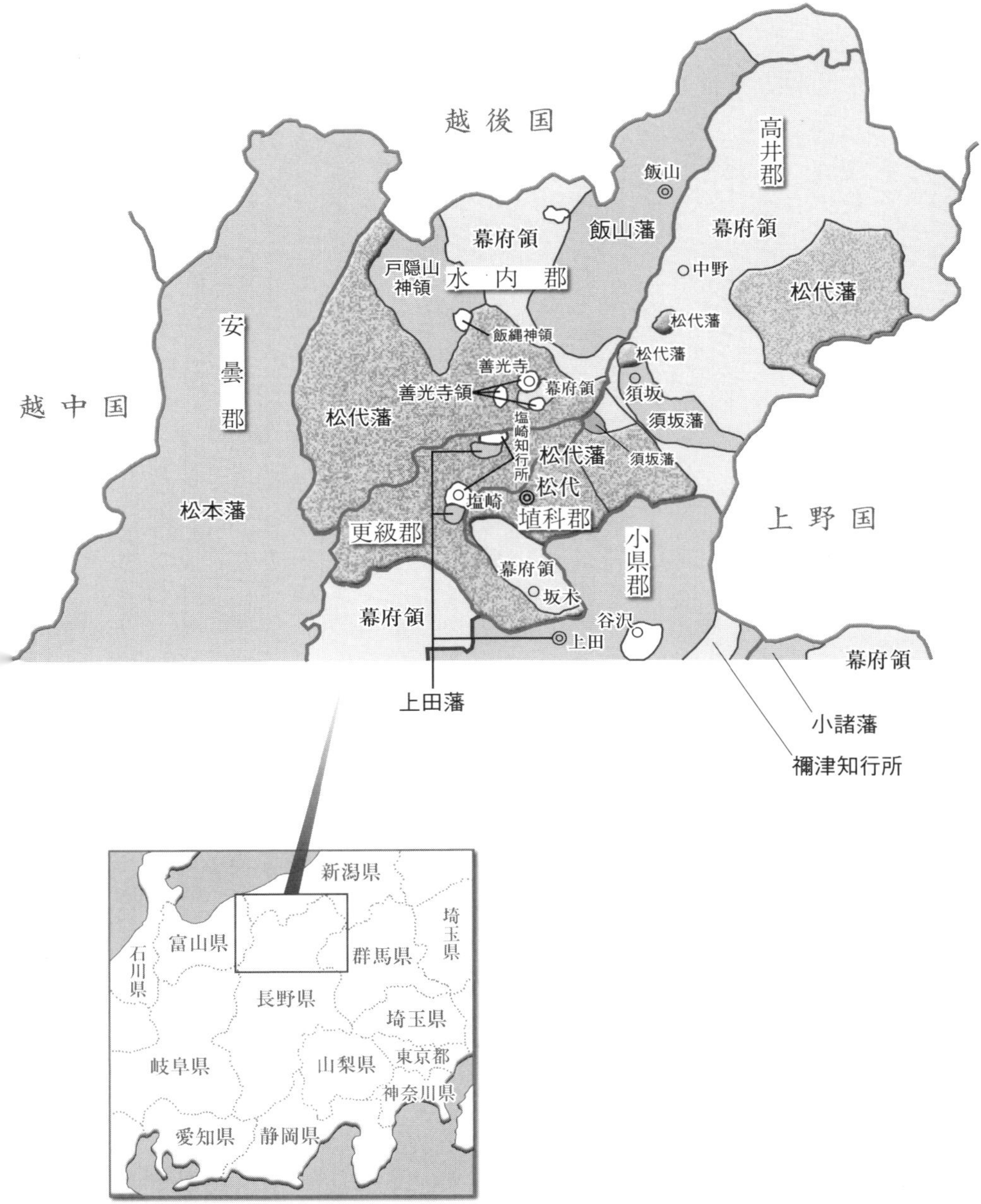
越後国
越中国
上野国
安曇郡
高井郡
水内郡
更級郡
埴科郡
小県郡
飯山
飯山藩
幕府領
戸隠山神領
中野
松代藩
飯縄神領
善光寺
善光寺領
須坂
須坂藩
塩崎知行所
塩崎
松代
松本藩
坂木
谷沢
上田
上田藩
小諸藩
襴津知行所
新潟県
富山県
石川県
群馬県
埼玉県
長野県
岐阜県
山梨県
東京都
神奈川県
愛知県
静岡県

これも松代

信之夫人小松殿

真田信之の正室小松殿は、徳川家康の重臣本多忠勝の娘で、家康の養女となって信之に嫁いだ。信之が父や弟と袂を分かってまで徳川方についた大きな理由が、小松殿が家康の養女であったからだといわれている。信之にとっては理想的な夫人であったようで、それを示すいくつかの逸話が残されている。

慶長五年（一六〇〇）、家康に背いた上杉景勝を討つべく、信之は留守中のことを小松殿に託して、沼田より会津に向かった。下野国犬伏で上田より出陣してきた父昌幸・弟信繁と合流したのだが、ここに石田三成からの密書が届いた。有名な犬伏の別れだが、信之は徳川につくことを決めて秀忠の陣に向かう。昌幸・信繁は石田方につくべく上田に戻ることを決めた。

昌幸たちは途中沼田に立ち寄り、小松殿に城での休息を求めた。しかし、小松殿は「この城は伊豆守より出陣の際に預け置かれたものです。たとえ父上であろうと伊豆守の許しがない限り一歩たりともお入れすることはできません」と答えてきた。これには昌幸も「さすがは忠勝の娘、なかなかにあっぱれな振る舞いである。そのことを弁えず城に入ろうとした余が誤りであった。しかし、余に他意があるわけではない。ただ孫の顔を一目みたかっただけじゃ」と使者を送って自らの迂闊をわびた。これを聞いた小松殿は、昌幸と信繁を城下の旅宿に案内し鄭重に饗応したという。

大英寺

関ヶ原の戦い後の昌幸・信繁の処分に対しても、夫信之を助けて徳川家への橋渡しをつとめるなど内助の功を発揮した。また、高野山に流された後も女性らしいきめ細かい援助をしたとも伝えられている。

小松殿は元和六年（一六二〇）に病を得て鴻の巣（埼玉県鴻巣市）で亡くなっている。墓は勝願寺（鴻巣市）、正覚寺（群馬県沼田市）、芳泉寺（上田市）に分骨して葬られた。信之が松代に移った時に大英寺を創建して霊屋である万年堂を建てた。そのいわれは「千万年も祭祀を絶やすことがない」という意味である。

これも松代

礫茂左衛門

松代藩主の座に就こうとした真田信利は信之の嫡男である信吉の子であるが、この人は領民にはすこぶる評判の悪い殿様であった。

沼田藩は石高三万石であったが、信利は寛文元年から翌年にかけて自らの領地である利根、吾妻、勢多三郡一七七カ村の検地を強行し、その石高を十四万四千石に改めた。これにより藩の歳入は大幅に増加したが、これは領民にとっては大きな負担となった。さらに加えて、川役・山手役・井戸役・窓役・産毛役といった雑役を次々と課し増収をはかったという。

その取り立ては苛烈で、滞納する者の家には役人が押し掛け、翌年の種籾までも取り上げたという。それでも足りない家があれば人質を取り、完納するまでよその村に預けて奴隷のようにこき使ったり、水牢に入れられる者もあった。

茂左衛門刑場址

信利がこれほどまでの圧政をしいた理由について、『松代町史』は「性豪奢を好み、濫に城郭を改修し、或は淫楽に耽り、甚だ不行跡の振舞多く」と、もっぱら信利の性癖にそれを求めているが、この時代藩の歳入を増やす政策は、幕府の御用などで財政事情が悪化した藩では普通に行われており、沼田だけが特別ということではなかった。

しかし、信利の場合は幕府の権力者である酒井忠清が親戚ということで、幕府もそれを諫めることはできなかった。

この悪政により領民が塗炭の苦しみにあえいでいるのを見過ごすことができずに立ち上がったのが月夜野村の百姓茂左衛門であった。茂左衛門は、田三段三畝二二歩、畑一町五段二四歩、屋敷二反二畝二九歩を持つ中農であった。

茂左衛門はまず老中酒井忠清に駕籠訴を企てたが、これは忠清が信利の親戚でもあり、受け取られることはなかった。そこで茂左衛門は一計を案じ、訴状が直接将軍の手に渡るように工夫した。この辺の事情は芝居を見るような話で、にわかにはすべて信じられないが、上野寛永寺座主輪王寺宮から訴状は将軍綱吉のもとに届けられた。

将軍はこれを読み、ただちに密偵を沼田領に派遣し事の真偽を確かめた。果たしてこの訴状の内容は間違いないということになり、信利は城地を没収の上改易となった。時に天和元年（一六八六）十一月のことであった。

茂左衛門はこの間信州に潜伏していたが、

信利改易のことを知り、これで自分の役目も終わった、一度家族の顔を見たら自首しようと月夜野に帰った。一晩家族と別れを惜しみ、翌朝家を出たところを張り込んでいた捕吏に捕らえられた。

茂左衛門に同情する役人もあったが、越訴の罪は軽からずと、茂左衛門は磔、妻は打ち首とされ、貞享三年（一六八六）十一月五日利根川の河原において処刑された。

これより先、沼田の百姓たちは何とか茂左衛門の命を助けられないかと、代表を江戸に送り助命の嘆願を行った。幕府での評議の結果百姓たちの願いは聞き届けられることになり、赦免状を持った使いが早馬で沼田に向かったが、使者が沼田に入った時はすでに処刑が行われた後であった。

千日堂（写真提供（２枚共）：群馬県みなかみ町観光課）

千日堂の縁日

茂左衛門の勇気ある行動に感激した沼田の人々は、刑場の跡に地蔵尊を建立して、その霊を弔った。この地蔵尊、誰言うともなく茂左衛門地蔵尊と呼ばれるようになった。その後、千日の供養に月夜野に千日堂を建立し、地蔵尊を安置した。これが今に残る千日堂である。

佐倉惣五郎と並んで名高い磔茂左衛門の伝説の概要はこういうことであるが、細部に異同はあるものの、信利が改易になったのも茂左衛門が磔になったのも、確かにあったことである。

茂左衛門に先立って、もう一人信利の暴政を幕府に訴え出た者があったことを記しているのは、『日暮硯紀行』の著者奈良本辰也である。その人は沼田領政所村の庄屋松井市兵衛である。市兵衛もまた磔となったのだが、この人のことは茂左衛門の陰に隠れて忘れられているようだと、奈良本は言う。そして、市兵衛の行為にももっと賞賛が与えられていいのではないかとも言う。

城下町松代地図（現代のもの）

第三章 藩財政の窮乏と恩田木工の改革

幕府からの課役に加え、相次ぐ自然災害で藩の台所は火の車に。

① 度重なる出費で藩財政が悪化

幕府から課せられる手伝い普請に加え、度重なる自然災害で松代藩の財政は悪化した。倹約・半知借上げに加え、藩内外から人材を募り改革に乗り出すが失敗、ついには足軽のストライキという前代未聞の不祥事が起こる。

指出総検地と二斗八騒動

三代藩主真田幸道は、わずか二歳で家督を継いだため、磐城平《いわきたいら》（現・福島県いわき市）藩主内藤忠興《ないとうただおき》が後見役となった。内藤忠興は、幸道の姉婿である遠山政亮《とおやままさあき》の父にあたる。

寛文五年（一六六五）、森忠政の時代に行われて以来の総検地が行われた。この時の検地は指出《さしだし》検地と呼ばれる。指出検地とは田畑の実測を伴わず、百姓にそれぞれが所持する田畑の石高を申告させ、それを検地帳にまとめるもので、翌年二月に領内二二二カ村の検地帳がつくられた。

この検地により、藩内の村々の各百姓の田畑の所持高がはっきりし、それ以後の年貢徴収のもととなった。この検地帳に登載された百姓は、一打《いちうち》百姓あるいは

真田幸道像

頭判百姓《かしらばん》と呼ばれ、本百姓としての身分が保証され、貢祖や役儀を負担させられることになった。一打百姓のほかに検地帳に載らなかった多くの百姓がいたが、これらは判下百姓と呼ばれ、一段低い身分として一打百姓に従属を強いられた。この検地帳は「寛文水帳」と呼ばれて、明治にいたるまで年貢徴収の基礎となった。

延宝二年（一六七四）に大規模な百姓騒動が起こった。いわゆる「二斗八騒動」と呼ばれるものである。これは伝承として伝えられているもので、その内容についてははっきりしない。村に残る記録などから推測すると、この年の秋に藩に対して百姓たちが訴訟を起こし、南堀《みなみぼり》村の伝兵衛、西尾張部《にしおわりべ》村の吉兵衛、下高田《しもたかだ》村の助弥の三人が仕置になったというものである。藩が籾一俵につき玄米三斗摺りを合格俵に定めたことへの不満から起こったもので、百姓たちの要求は二斗八升摺りに戻してほしいというものであった。

この訴訟の結果として、延宝二年十一月付で藩の郡奉行村上勘助と河野与左衛門の名で「定書」が出されている。この「定書」は、松代藩領に対する年貢・役儀を細かく定めたもので、その後の藩の年貢徴収の基礎となった。そこには、籾一俵につき玄米二斗八升を納めることも明記されている。百姓たちの要求が通ったのである。

この訴訟を指導した三人については確かな記録はないが、長野市古牧南高田の

義民助弥之祠（南高田公会堂）

度重なる出費で藩財政が悪化

毘沙門堂境内には「義民助弥之祠」がある。この祠は義民助弥の伝承に基づき、大正十四年（一九二五）に南高田の住民が建立したものである。また、近くの屋敷跡とされる場所には、昭和十二年（一九三七）に「義民助弥誕生之地」の石碑も建てられた。

過酷な手伝い普請と半知借上げの実施

幕府は各大名の力を削ぐために数々の手伝い普請を課した。松代藩の場合も例外ではなく、三代藩主幸道の時は特に過酷であった。明暦三年（一六五七）のいわゆる振り袖火事で江戸城が焼失したが、その再建の手伝いには藩士四〇〇人が派遣され、二万五〇〇〇両もの出費を強いられた。天和二年（一六八二）の越後高田藩の検地には、松代藩から延べ一八一七人が動員された。このほかにも、天和三年の日光大地震による東照宮の修復に延べ一五三一人、元禄三年（一六九〇）の高遠領の検地に延べ七一四人が動員された。元禄十年の信濃国絵図作成御用、宝永四年（一七〇七）の富士山の噴火による降灰被害の復旧工事、宝永八年の朝鮮使節の接待など、松代藩には次々と財政支出を伴う工事や接待が課せられた。

元禄十三年、再建中の善光寺本堂が火災にあい、松代藩はその再建★の監督を命ぜられた。宝永四年、本堂は再建されたが、この間の松代藩の負担は大きかった。

▼善光寺の再建
再建の工事は宝永元年九月にはじまり、宝永四年八月に完成した。この工事は幕府の命令により松代藩が監督をした。費用の多くは、当時の大勧進住職慶雲が諸国を回り、各地で出開帳を行って集めた。材木は主に佐久地方から千曲川を使って運んだ。かかった費用は二万四五七七両で、松代藩はその費用を負担することはなかったが、工事の監督、材木の提供は行っており、やはり大きな負担であった。

このため、初代の信之の時代に二四万両あった金をすべて使い果たしてしまった。藩では倹約の奨励を藩士に命じたが、それではとても財政は立て直せず、京都の商人や藩の御用商人八田家から借財をするようになってしまった。八田家からは金子二一万六六〇〇両と籾四六万四八〇〇俵を借り入れている。享保二年(一七一七)四月には城下で大火事が相次ぎ、城内をはじめ、町の大半を焼いてしまった。この再建のため幕府から一万両を借りている。

四代藩主信弘は、幸道の死去により享保十二年七月にその座に就いた。幸道の兄信就の子である。幸道の代には先に記したように幕府からの度重なる課役があり、また善光寺の再建、城下の火事と出費が嵩んだため、藩の財政は逼迫した。そのため、享保十四年には半知借上げをせざるを得なくなった。

半知借上げとは、藩が家臣の知行や俸禄を借り入れて支給を停止することで、江戸時代の中期以降は全国の多くの藩で実施されたが、松代藩の実施は早いほうである。本来であれば借上げなのだから期限がくればその分を返さなければいけないのだが、じっさいには返済は行われず、実質的には減封、減知と同じ処置となった。

信弘はまた町人であった塩野儀兵衛を家老として取り立てて、財政再建に当たらせた。信弘と儀兵衛は若い頃から交友があり、その利殖の才を見込んでの登用であった。儀兵衛は勝手掛の家老としてその才能を発揮した。信弘が死去する頃

真田信弘御霊屋

度重なる出費で藩財政が悪化

には赤字を解消して幾分かの剰余金を残すまでにいたった。もっとも半知借上げが恒常化し、儀兵衛は私財で不足を補ったというから、画期的な成果というわけではない。

信弘の長男幸詮は早世し、五代目の藩主には二男の信安が就いた。元文二年（一七三七）のことである。塩野儀兵衛の改革は、結局一時しのぎの効果しかなく、藩財政は相変わらず厳しかった。寛保元年（一七四一）五月、信安は藩士を登城させ、地方知行高の半分を蔵入地に編入させることを命じた。すなわち、半知借上げの恒常化である。さらには翌月、年貢の月割り上納が命じられた。その見返りとして、前年までの未進年貢については、しばらくの間は猶予するとされた。ただし、この金納の換算が百姓に不利な計算になっていた。すなわち、これまで金納の換算は一〇両がほぼ籾四〇俵であったものを、籾三三俵に改められたのである。藩の財政危機を乗り切るために藩士と百姓に負担を強いることにしたのだが、これにより藩士からも百姓からも不満の声が上がるようになった。

戌の満水と原八郎五郎の改革

寛保二年（一七四二）八月、千曲川は大洪水に見舞われた。のちに「戌《いぬ》の満水」と呼ばれる災害である。大坂湾付近に上陸した台風が日本列島を縦断し東北地方に抜けていったために起こった洪水であった。

千曲川と犀川が合流する善光寺平では特に被害は大きく、現在の長野市赤沼付近では水位が二一尺（六・九メートル）にも達した。この時の様子を松代藩士原正盛は「八朔の戌の刻（午後八時頃）より千曲川満水に及びけるに、山々諸々崩るる音百千の雷かと耳目驚かしけるに、水押し出し、沢々にあふれ、高浪打ちて押しける程に、刹那のうちに松代へ入り、お城をひたし、士農工商家屋へ水押し入り」（「松代の記」）と生々しく伝えている。

この洪水で、松代藩領八五カ村では、村高六万石のうち三分の一が被害を受け、収穫が絶望となった。死者は一二〇〇人にも上ったという。松代城下の被害も大きく、神田川・関屋川が氾濫し町々に水が流れ込み、水深は七尺から一丈にも及んだ。松代城では、本丸・二の丸・御殿の床上まで水が上がった。このため、藩主信安は舟で西条村の開善寺に避難するという事態になった。この洪水により藩の財政はますます逼迫し、災害復旧のため幕府から一万両を拝借することとなった。

戌の満水による藩財政の危機を乗り切るため、勝手掛家老となったのが原八郎五郎である。百五十石取りで家老の家柄ではなく、信安が抜擢したものだった。信安は早くから八郎五郎の才能に注目していて、家督を継ぐと彼を小姓に召し出した。その後、側納戸役に出世し、家老となり、寛保五年、勝手掛に任じられた

戌の満水の水位を示す標識跡（妙笑寺）

のである。この時三百石加増され、四百五十石取りとなった。

原家の祖は武田信玄に仕えた原昌胤《はらまさたね》、武田二十四将の一人である。昌胤は長篠の戦いで戦死しているが、その子孫がどのようにして真田家の家臣となったのかは定かではない。武田氏の滅亡後、武田の武将の多くが昌幸のもとに召し抱えられているので、八郎五郎の祖先もそのようにして真田家に身を寄せたものであろう。同じく二十四将の一人である原虎胤《とらたね》の子孫も真田家に仕えている。

八郎五郎は、藩の改革はまず文武の道の復興にあると考えた。松本藩の武術師範であった青山大学蟠竜軒を松代に招いた。また、藩士の中から桃井硯水など江戸で朱子学を学んだ者を登用して書を講じさせた。当時高井郡の小山村（現・須坂市）に入弥左衛門《いりやさえもん》という算術家が滞在していた。左衛門は諸国を遊歴して算術を講じていたのだが、千曲川の復旧のためにその知識を買われて松代に招かれた。

八郎五郎の仕事として評価されるのは、なんと言っても千曲川の流路を変えたことである。松代城は石垣の真下を千曲川が流れているため、増水のたびに被害をこうむり、戌の満水の時にも城が浸水するという事態になった。このため、八郎五郎は千曲川の流路を城から遠ざける工事（瀬直し）を行った。この瀬直しについては、のちに鎌原桐山が『朝陽館漫筆』★の中で「寺尾村の西へ堀川を穿ち分水せし故、それ以後松城水難なし。この分水の策、小隼人（原八郎五郎）生涯の大功なり」と褒めたたえている。しかし、これには大きな経費がかかり、のちに

▼朝陽館漫筆
松代藩の家老であった鎌原桐山が自ら見聞したことを書き留めた随筆集で、桐山の書院を朝陽館と称したことからこの名がある。文化五年から嘉永三年にわたって書き継がれ、全一六二巻に及ぶ。

起こる足軽たちの騒動の遠因ともなった。

五代藩主信安は病弱であった。そのため政治向きのことはほとんど八郎五郎に任せきりにしていたようだ。そのため八郎五郎は思いどおりの政治ができたわけで、千曲川の流路の変更という難工事も実施できたのである。信安の信頼の厚い八郎五郎にほかの家臣はなにも言えなかった。そこに八郎五郎の増長が生まれたようである。江戸では吉原通いをして豪遊した。しかも、この吉原通いには藩主信安も誘った。半知借上げを恒常化し、年貢の月割り金納をしている手前、これは大方の藩士の反発を招いた。

半知借上げは、八郎五郎のように四百五十石もの扶持を受けている上級の藩士より、下級藩士や足軽層に大きな痛手だった。寛延二年（一七四九）十一月には足軽たちの訴えを受けて、五十石以下の借上げは停止された。この時の決議には末席の家老であった恩田木工民親《おんだもくたみちか》の強い働きがあったということがいわれている。しかし、これは事態を根本的に解決させるものではなかった。それ以前から藩士への給料の未払いが恒常化していたのである。元文元年（一七三六）の「監察日記書抜」には、近頃仮病をつかって引きこもる者もいるようだが、こんな者たちには医師を遣わして吟味するというようなことが記されている。給料の未払いが不満で仮病をつかってサボる者がいたようだ。寛延二年には、小頭七五人が普請奉行に給料未払いの改善を申し出ている。

寛延三年元旦、足軽たちが立ち上がった。一人も登城してこないのである。一斉にストライキを起こしたのだ。「監察日記書抜」を引用すると、「今朝、御足軽残らず銘々詰場退散。諸御役人の附人ならびに使番まで詰場明け下宿いたし候」ということであった。あわてた八郎五郎は未払い分を支払うことで急場をしのいだが、これで藩の混乱が収拾されたわけではない。原八郎五郎は責任を問われて、勝手御用の職を解かれた。

田村騒動

代わって勝手掛家老職となったのが田村半右衛門であった。半右衛門は元赤穂藩家老大野九郎兵衛知房の子であると名乗っていたようだが、その真偽は不明である。大野知房は、赤穂藩浅野家の家老であったが、城の明け渡しの際、筆頭家老大石良雄と対立して無条件での明け渡しを主張した。そのため藩内で孤立し、ついには息子である群右衛門を伴って逐電した。この群右衛門が田村半右衛門だというのである。忠臣蔵の物語では、吉良義央《きらよしなか》とともに悪人とされているが、一方では優秀な経済官僚であったという見方もある。

その半右衛門がどのようにして江戸に住むようになったのか、またどんな経緯で真田家に召し抱えられるようになったのかは不明である。一説には、松代藩士小松一学が半右衛門の頭の良さに惚れ込んで藩主信安に推薦したものであるともいう。

半右衛門は寛延三年（一七五〇）十月に勝手掛に就任した。半右衛門がまず取った政策は家臣たちに才覚金を課すということであった。才覚金というのは藩の財政の不足を補うために藩士に命ずる金銀のことで、本来であれば返済がなされるべきものであるが、ほとんど返されることはなかった。その才覚金の額は郡奉行で一〇〇両、代官が五〇両、手代が一二両というのが記録に残っている。この時、原八郎五郎には七〇〇両という大金が才覚金として課された。その後、八郎五郎は半右衛門により過去の罪科を問われ、家禄没収の上永代蟄居に処せられた。

才覚金を命ずるに当たって半右衛門は、藩士たちの所行を調べ上げ、年貢の徴収に際して百姓たちから賄賂をもらってけしからんなどということを理由にした。これは誰にも覚えがあることで、渋々才覚金を差し出した者もいたが、とても工面できないと訴え出た者もいた。

続いて半右衛門は増収の矛先を百姓たちに向けた。寛延四年八月、領内の百姓の重だった者が、馬場町の八田競の屋敷に集められた。そこで半右衛門は百姓たちに、検見や宗門改を免除する代わりに年貢をこれまでの一割五分増しとするということを命じたのである。さらには山中村々の金納年貢を現物納とするとしたり、御用商人の八田家などに才覚金賦課を命じた。

これらの力ずくの政策が領民の不満を呼び、寛延四年八月、山中七八カ村の百姓たちが立ち上がった。さらには里方の百姓もこれに加わり、一緒になって城下に押し寄せたのである。百姓たちの要求は半右衛門の身柄の引き渡しであった。「万端御百姓行立申さざる様に仰せ渡され、これにより田村半右衛門様を今般惣御百姓方へ下し置かれ候様に願い奉り候」。恐ろしくなった半右衛門は、女装して女駕籠に乗り込み長国寺に逃げ込んだと言われるが、これは父知房が女駕籠で逃げたという言い伝えがあることから、後になって作られた伝承であろう。いずれにせよ、町奉行のとりなしで百姓たちは引き揚げ、半右衛門は失脚するのである。

長国寺

2

恩田木工の改革

松代藩の財政改革はことごとく失敗する。
そんな折、藩主幸弘から抜擢されて勝手方家老となったのが恩田木工であった。
木工は「虚言申すまじ」の思いで、領民との対話による改革をはじめる。

六代幸弘

寛延四年（一七五一）四月、越後国高田を震源に大きな地震があり、松代領内でも死者やけが人が出た。この地震で松代城の石垣が崩壊し、その修復に幕府から三〇〇〇両を借りている。

宝暦二年（一七五二）六月、信安の死去に伴い、長男の幸弘が家督を継いで第六代目の藩主となった。まだ十三歳であった。幸弘については『日暮硯』が、その聡明さを示す一つのエピソードを紹介している。

ある時、幸弘に仕える者が、多くの難題を抱えて心悩ましている殿様をお慰めしようと、鳥を飼うことを勧めた。幸弘は「それほどまでにお前が勧めるのであれば飼ってみよう、すべては任せるのでいいように取り計らうように」と言い

真田幸弘像

つけた。この家来は、ただちに作事奉行を呼び出し、高さ七尺（二・一メートル）、奥行き九尺（二・七メートル）、幅六尺（一・八メートル）の漆塗りの上等の鳥籠をこしらえるように命じた。

やがて鳥籠は立派にできあがり、幸弘はくだんの家来を鳥籠の前に招いた。そして、「お前の注文どおりの鳥籠になったか」と尋ねた。家来は、「たいへんよくできており、江戸の将軍様でもこれほど立派な鳥籠はできますまい。さっそくに鳥籠に入れる鳥を捕らえてきましょう」と申し上げた。これに対して、幸弘は「それほど急がなくてもよい。それよりまず、予の食べる献立を考えてくれ」と別なことを言いつけた。家来は辞退したが、重ねての命令に承知するより仕方なかった。献立ができあがると、「明日この献立の料理を作らせるから、お前も相伴せよ」と命じた。

翌日、家来が幸弘の前に出ると、鳥籠の中に入ってようすを見てみよと言う。中に入ると、そこで煙草など吸ってみよと言う。さらには、例の料理を運ばせ、鳥籠の中で食べてみよと命じた。これには家来も驚いて、どうぞそればかりはご勘弁をと辞退した。幸弘は、それも風流じゃと言って許さない。食事が終わると、菓子が運ばれ、お茶が出て、かれこれ四時間も鳥籠の中にいるのに一向に出てよいとは言わない。家来はすっかりまいってしまい、なんとか出してくれるように懇願した。

幸弘は、「いや出ることはあいならん、お前はその中に一生おれ、その代わり望みのものはなんなりと言うがいい」と厳しい顔で命じた。とんだ災難に見舞われた家来は同輩にもとりなしを頼み、なんとか出してほしいと涙を流して訴えた。幸弘は「鳥籠の中に住むのがそんなに苦しいか、それがわかったならば出てもよいぞ、予はお前を苦しめて慰み者にするつもりではない。ついてはお前に申し聞かせることがある、ほかの者もよく聞くように」と家来たちを集めた。

「さて、お前のふだん住む屋敷はそれなりに広かろうが、この鳥籠でも三畳はあり、決して狭いわけではない。しかもなんでも望みのものを取らすというのに、予がここから出てはならんと言うと、涙を流して詫び言を言うではないか。ましてや、鳥類は、天地の間を住まいとし、自由に大空を飛び回って、心のままに食べ物を求めているのだ。それを、籠の中に入れて、いかに世話をして餌を与えてやったところで、鳥はうれしいだろうか。その苦しみはお前が難儀したよりは、何百倍も増して苦しいのではないか。いかに鳥だとはいえ、それらを苦しめて予の慰みとしてよいものだろうか。そこのところをよくよく考えて鳥を飼うのをやめるのが当然だろう。そうは言っても、お前は面目を失う必要はない。お前は常日頃から忠義者で、よく奉公してくれているのはわかっておる。ふと心得違いをして鳥を飼うことを勧めてしまっただけのことだ。世間には鳥を飼って楽しむ者は多いが、それが鳥を苦しめていることに気づいている者はなかなかいない。鳥を飼うことの非を言葉で話してもよかったのだが、それでは本当に予に対するお前の心遣いが本心から出たものなのかわからない。それに、予がお前にこれだけのことをしたからには、予も慎まなければならない。お前は身をもって良いことを教えてくれたのだから、この上もない手柄を立てたというものだ」

幸弘はそう言って、家来に褒美として金一〇両を与えた。

この話は、恩田木工★の事績を記した『日暮硯』の中にあり、「これ御時十五歳にならせ給ふ時の御事なり」とあるのだが、いかに聡明であったとしてもにわかには信じがたい話ではある。むしろこの逸話は「一代の君有らば、又一代の臣下有り」という『日暮硯』冒頭の言葉を引き出すために作られた話であろう。こんな名君であればこそ「後に恩田木工を選み出し給うこと、実《げに》も理《ことわり》なり」ということなのである。

恩田木工の登用

宝暦七年（一七五七）五月、千曲川・犀川の両河川の水かさが増し、大洪水となった。領内の被害は大きく、財政はさらに悪化した。もはや藩の台所は手がつけられないほどになっていた。たとえ聡明であっても、年若い十代の藩主に乗り切れるような事態ではなくなっていたのだ。誰か強権をもって財政再建を推し進

▼恩田木工民親
一七一七～一七六二。松代藩家老恩田民清の長男として、松代に生まれる。享保二十年（一七三五）家督を相続。延享三年（一七四六）家老となる。宝暦七年（一七五七）藩主幸弘より「勝手方御用兼帯」に任ぜられ、いわゆる「宝暦の改革」を推進した。宝暦十二年（一七六二）正月死去。享年四十六歳。なお杢《もく》とも表記されるが、現代では木工が一般的である。

恩田木工屋敷跡

める者が必要だ。重臣たちや幸弘の後見のような立場にある親類筋の者たちも思ったことだろう。かといって、専門家を藩の外から招聘するのは田村半右衛門の一件で懲りている。

重臣たちは日夜そのことに頭を悩ましていた。この当時家老の職にあった者は望月玄蕃・小山田壱岐・禰津数馬・矢沢帯刀・鎌原兵庫・恩田民親（木工）といった人々であった。この中で、もっとも若輩であったのは、三十九歳の恩田民親であった。重臣たちを差し置いて、なぜ民親が勝手方家老の職に就いたのかははっきりとはわからない。このあたりのいきさつについて『日暮硯』の記述は次のようである。

「宝暦五年（一七五五）の頃、殿様が江戸在府の折、親戚一同・江戸詰の重臣の前でこのように申された。『どなたもご存じのように、当藩は財政的に窮乏しており、先般も幕府より一万両を拝借しましたが、なかなか思うようには立て直せないでおります。とはいうものの、国元に恩田木工と申す者がおりまして、家老の末席でまだ年も若いのですが、この者に藩政を任せたならば、財政を立て直してくれると思います。木工にやらせてみたいとは思いますが、私も年が若く、彼もまた年が若いので、老臣たちは納得してくれないのではないかと思われます。そんなわけで、皆様御同席いただき恩田木工に財政立て直しの役を仰せ付けいただきますようにお願いいたします』」と幸弘は親類筋の面々に頭を下げたという

恩田木工像

▼原文

「去る宝暦五年の頃、江戸御在府の砌、御親類家中参会の節、君仰せられ候は、『何れも御存知の通り、手前儀勝手不如意につき、先年公儀よりも一万両の拝借仰せつけられ候へども、中々それにても取続き相成り申さず候。さりながら、在所に恩田木工と申す者、老職の末席にて、年若には御座候へども、領分の政道申しつけ候はば、勝手も取直し申すべき様に存じ候故に、役儀申しつけたく候へども、私も年若、彼も年若ゆえ、申しつけ候とも、老分の者ども、決して得心仕るまじく候。これに依つて、近頃御無心ながら、各方御対座にて、恩田木工へ勝手向き取直しの役儀仰せつけられ下され候様に頼み奉る』

のである。幸弘はかねてより木工の才能に注目していたということになる。

恩田木工を登用するについて、まずは親類筋の賛同を得て、それをバックに家老たちを説得するなど、とても十代の藩主の知恵とは思われないが、ともかくも幸弘はそれをやった。早速に国元に早飛脚が立てられ、家老はじめ諸役人、月番の者を除いて恩田木工とともに江戸屋敷に呼び寄せたのである。★

その上で、一同を集め、親類の代表が「幸弘公より御勝手不如意の件で御相談があったので、我ら一同協議して、勝手取り直しの役を恩田木工に申し付けることにした。木工はこれを辞退せずに国元の政道を思うとおりに進めてもらいたい。皆の者も万事木工の指図を受け、それぞれの役目を果たすように励んでもらいたい。幸弘公もそのような思し召しゆえに、相談の上申し付けるものであるので、左様とくと相心得るように★」と言い渡した。家老の末席にいるものが、いきなりトップに立つように仰せつかったのである。これには家臣一同承服しがたい思いはあったが、親類筋の居並ぶ前では異議も申し立てられず、「畏《かしこま》り奉り候」と平服したのであった。

しかしその時、当の木工が進み出て、自分ごときにつとまる大役ではございませんと固く辞退した。これには親類の面々、松代藩の台所が火の車であることは公儀にまで知れ渡っていることゆえ、たとえこれが不調に終わっても誰も咎め立てするものではない、この期におよんで辞退するのは、それこそ不忠というもの

▼原文
「早飛脚を以て御国元へ、御用の儀これ有る間、老職の者を始め諸役人共、月番の者共壱人づつ残り、外は残らず、恩田木工を同道にて出府致すべき旨仰せ遣され候につき、何事が出来候かと、何れも取るものも取りあへず出府仕り候」

▼原文
「豆州御勝手御不如意につき、御相談の上、勝手取直しの役儀、恩田木工方へ申しつけ候間、辞退なく、国元の政道は心一杯に取計らひ申すべく候。老職を始めとして諸役人共に、万事木工が差図を受けて役儀相勤め申すべく候。豆州にも右の思召故、何れも相談のうへ申しつけ候間、左様に篤と相心得候様に」

ではないか、と重ねて仰せつけた。とうとう木工もそこまで申されれば「何分にも畏り奉り候」と承諾したのだが、「それについては一つだけお願いがございます」と次のような条件を出した。「もし拙者の申すことに『それはならぬ』と申す者がいてはこの仕事はつとまりません。ご家老はじめ諸役の皆様に拙者の申すことには反対しないという書き付けをここでいただきますようお願いいたします。その上で、拙者に不忠の儀があったなら、いかようにお仕置きされようとも、少しも恨むことなくお受けしますという誓詞をお出しいたします」★——いわゆる契約を交わしたのである。

こうして幸弘は勝手方家老に恩田木工民親を抜擢して藩政の改革に当たらせた。宝暦の改革と呼ばれるものである。『日暮硯』はその改革を克明に伝える記録というわけではない。木工の人間性を強調するあまり、事実とは異なった記述も多い。だからといって、全く信用できないというわけではない。宝暦の改革というのは、恩田木工という人物の、藩士あるいは領民への対し方を抜きには語れないものであるからである。

『日暮硯』の内容に立ち入る前に、宝暦の改革とはなにを骨子としたものであったか、残された記録をもとに見ていくことにする。

宝暦七年八月、恩田木工は勝手方家老に就任する。木工はまず、藩財政の基本である年貢の月割り上納制を徹底することからはじめた。この月割り上納制は、

▼原文
若し拙者申す儀を、「左様はならぬ」と申す者御座候ては相勤まり申さず候間、老分の方を始め諸役人中、拙者申す儀を何事に依らず相背くまじくと申す書付相渡され候様に仕りたく願奉り候。この上、「拙者不忠の儀御座候はば、如何様の御仕置仰せつけられ成し下され候とも、その節に至り少しも御恨み申すまじく候」と申す誓詞を仕り申すべし

すでに寛保元年（一七四一）の改革の時から行われていたものであるが、大きな違いは村々の代表との合意による実施という手順で行った点であった。さらには、木工の下に勘定吟味役という役職を設け、江戸や松代における経費の切り詰めをはかったことである。勘定吟味役には禰津要左衛門と成沢勘左衛門が任じられた。木工が宝暦十二年に惜しまれつつ亡くなった後、宝暦の改革はこの二人に引き継がれて行われた。

この頃の松代藩では、年貢の未進金が大きく藩財政を圧迫していた。未進金というのは、その年のうちに納まらなかった年貢のことで、享保十五年（一七三〇）から宝暦六年まで実に二万六〇〇〇両もの未進金があった。寛保の改革においては、この未進金を凍結し、その年の年貢の完済を優先した。木工は、これでは未進金の問題は根本的に解決しないと、年賦上納することを求めたのである。未進金は三年から三十年で完済するようにした。

こういった政策を実施に移し、円滑に運営していくために、木工は年貢納入はこれまで足軽たちが村々に出向いて収納に当たっていたものを、村役人が城下に出向き上納するという方法を徹底させた。これによって各村では、足軽たちの接待に無駄な経費や時間を取られることがなくなったのである。また、藩士の倫理を高めるために儒学を奨励し、賄賂を禁止した。賄賂をもらった者には厳罰を科した。

家老恩田木工に指導された宝暦の改革は、宝暦十二年一月六日に木工が死去するまで続くのだが、これによって松代藩の財政状況が好転したということはなかった。改革の途中で木工が死去したということもあり、改革はそれから長い間かかり、財政状況は緩やかによくなったということらしい。『日暮硯』の記述は木工を理想化しているといえる。そして、その記述内容も実際の改革とはだいぶ食い違っている。

恩田木工の墓（長国寺）

実際の改革と『日暮硯』

むしろ『日暮硯』は、恩田木工の改革の記録というふうに読むのではなく、行き詰まった幕藩体制を切り開くための精神の書として捉えるべきものなのかもしれない。だからこそ当時の多くの武士層に読まれたのであろう。さらには、現代でも色褪せることなく読み継がれているのであろう。

木工の改革の基本は、藩士との関係においても、また領民との関係においても、まずは「虚言を申すまじ」すなわち嘘は言わないということにあった。このことにより、互いの信頼関係を築くことをまず目指したのである。その上で、藩士の規律、また百姓の年貢の徴収には厳しい態度で臨んだ。そのためには、まず自分を律する必要があると、妻を離縁し、子を勘当し、家来には暇を出すと宣言するのである。「まず拙者はこれから何事につけても、一切嘘はつかないことにいたしました。にもかかわらず女房子供をはじめ家来や親類の者たちが嘘をついたのでは、『木工は嘘をつかないと言っているが、親類や家族があのように嘘をついているのでは木工の言うことも怪しいものだ』と、皆が拙者のことを疑うようになります。そうすればこのお役はとてもつとまるものではありません★」というのである。

しかし、だからといってすべて規律一本やりで筋を通したというわけではない。年貢未進の百姓に「未進すると言ふは言語道断、不届者なり。悪き奴原、寸々にしてくれてもあきたらぬ者共なり。役人は又、何とて此の者共には未進させて置きたるぞ。骨を削ぎても急度取り立つべき筈なり。それに未進させて置きしは、役人大べらぼう、悪き奴ばらなり」と恐ろしい形相で怒ってみせた。しかし、続けて「斯く言ふは理屈といふものなり」――そうはいっても、これは理屈というものだ。未進するというのは、よくよくの事情があってのことだろう。また、役人たちもそのことをよく知っていて見逃しているのだろう。これは役人の仁政というものだ。この上、未進分を早急に納めるようにと言ったところで、ないものは納めようがなかろう。これについてはお上の損ということで、納めなくともよい。だが、今年の年貢は一粒も未進があってはならない。もしそういう事態になったら今度は厳罰をもって臨むからそのようにと心得よ。

▼原文
「先づ手前儀、向後虚言を一切申さざる合点に候。然るに、女房始め子供・家来共、親類中も虚言申し候ては、「木工が虚言申すまじくとは申せども、近き親類始め家内の者、あの通りなれば、木工からして合点ゆかず」と疑ひ申すべく候。さすればこの役は相勤まり申さず候」

実際は、先にみたように未進分を免除するということはなく、年賦により納めさせたわけだが、お互いに得心のいくように法律を柔軟に解釈して治政をすすめたのが木工の方法であった。江戸時代は身分制の厳しい時代であったが、木工の頃になると百姓にしても商人にしても、その力を無視できなくなっており、力ずくでは彼らを抑えきれなくなっていた。木工の前任者の原八郎五郎にしても、田村半右衛門にしても、力ずくの政治をして、足軽のストライキを招き、百姓一揆を招いたのである。木工の政治は武士による支配という封建制の枠組みは変えないものの、その中身は納得ずくで従わせるというものであった。そのためには、自分を厳しく律しながらも、相手には柔軟な態度で臨んだのである。

換金作物の奨励

恩田木工による宝暦の改革により、松代藩領では年貢の月割り上納制が定着する。これは、四月から十一月までの八分割で年貢を金納するもので、百姓にとっては米の収穫時期である秋以前に現金が必要になる。こういう制度を百姓が受け入れることができた背景には、換金作物の栽培の発達があった。主に栽培されていた換金作物は、里郷では木綿・菜種・養蚕であり、山中郷では麻・楮・漆などであった。

松代藩の行政区画では、南部の平野地帯を上郷、北部の平野地帯を下郷、西部の山間地を山中郷と呼んでいたが、享保十五年（一七三〇）からは里郷と山中郷に二分されるようになる。里郷では広く稲作が行われており、その裏作や畑作として換金作物が作られていた。山中郷では稲作には不向きで、麻・漆・楮・藍といった換金作物が農業の中心であった。また、高井・埴科郡の山間部では煙草の栽培も行われていた。

里郷のうち、南部にあたる犀川や裾花川の扇状地では、藩内でも比較的気候がおだやかであったので、早くから米・麦の二毛作が行われていた。また、畑作では大豆・

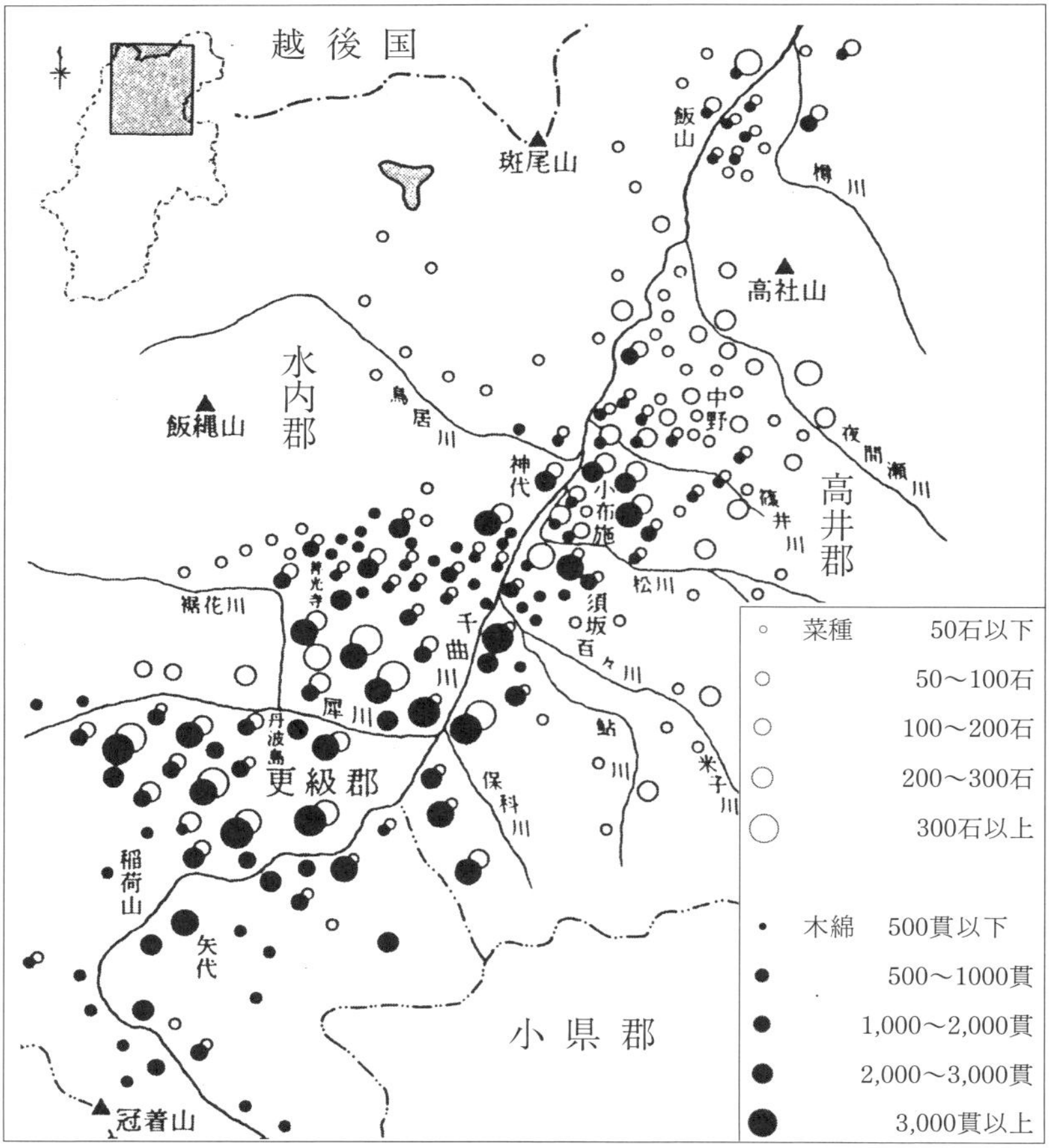

善光寺平の木綿・菜種精算図（『長野県民史通史編第６巻』より）

小豆・蕎麦や野菜類が作られていたが、江戸時代も後期になると、換金を目的とした商品作物の栽培もさかんになった。代表的な商品作物は、菜種と木綿である。

善光寺平における木綿の栽培がいつ頃からはじまったかについてははっきりした資料が残っていないが、少なくとも十八世紀に入った頃にはさかんに栽培されていたようである。善光寺町には、木綿市がたち、農家で生産された木綿や木綿布が取り引きされていた。ここで取り引きされる木綿は善光寺木綿と呼ばれて特産物となった。

菜種は秋に蒔き春に収穫されるので、米との二毛作で広く栽培された。また、雪や寒さにも強いので北部地方でも栽培することができた。収穫された菜種は、菜種商人に売られ、油搾り職人によって油にされて油商人に売り渡される。油を搾った後の油粕は肥料として百姓に売られる。

このように木綿や菜種が加工され販売される過程では、多くの商人や職人が介在し、貨幣経済の発達を促した。特に善光寺町はそれら商品作物の集散地となり、ここの商人たちは商品作物の取り引きにより莫大な富を得るようになる。百姓たちにも現金収入がもたらされるようになるのだが、また、そのための肥料や農具の購入などに現金の支払いも生じるようになる。

さらには幕末になると、養蚕《ようさん》もさかんに行われるようになった。松代領内で桑が栽培され、養蚕が行われるようになったのは十八世紀半ば以降であろうとされている。隣の上田藩では、十八世紀の初頭から桑の栽培がみられる。言い伝えによれば、明和六年（一七六九）に更級郡中沢村（現・長野市篠ノ井）の玉井市郎次が奥州より桑種を持ち帰って育て、また蚕種も奥州のものを取り寄せて養蚕を行ったことがそのはじまりとされている。市郎次は『養蚕輯要《ようさんしゅうよう》』という技術書をつくっている。

十九世紀に入ると、養蚕は藩が積極的にすすめるところとなった。有力な百姓に命じ、山林を開墾させて桑畑にすることを命じた。また、養蚕の技術書をつくり下付している。文政期（一八一八～一八三〇）になると、本田畑にまで桑を植える者があらわれた。

養蚕がさかんになると、繭から糸をとる製糸、生糸から絹を織る機織りなどの仕事をする者も増え、農家の現金収入として多くの百姓が関わるようになった。文化七年（一八一〇）には松代城下で月三回、五のつく日に糸市が開かれるようになった。松代藩では、これらの利益を吸収しようと、文政九年（一八二六）に糸会所を設けた。さらに天保三年（一八三二）には産物会所をつくり、藩内の絹・紬《つむぎ》を専売制にした。

「養蚕の図」（『善光寺道名所図会』より）

飢饉と百姓一揆

天明三年（一七八三）四月から七月まで、浅間山の噴火が間断なく続いた。のちに「天明の浅間大焼け」の名で知られる浅間山の大噴火で、風向きの関係で関東平野の全域にわたって大量の火山灰が降り、農作物に大きな被害をもたらした。七月六日の大噴火では、溶岩流が麓の村を襲った。現在「鬼押出し」と呼ばれるのはその時の跡である。

松代藩領では高井郡の湯田中村・沓野村・佐野村（いずれも下高井郡山ノ内町）に火山灰が降ったのが大きな被害で、他の地方では爆発による直接的な被害は少なかった。しかし、爆発の影響は間接的に気候不順となって作柄に影響した。すなわち、成層圏を覆った火山灰が日照を妨げ、もともとが「寛政・天保小氷期」（一七八〇～一八五〇）といって冷涼な気候の時期ではあったが、それに拍車をかけて冷害を促したと言われているのである。

天明三年は七月から雨の日が続き、末になっても稲の穂が出揃わないという事態になった。刈り取りの時期になっても穂に実が入っておらず、収穫にならない。木綿や大豆も大不作で、種も取れないありさまだった。十月、桐原村（長野市吉田）では、地頭の金井伊膳に次のような嘆願をしている。「田方は前年からの不作、畑方も単作の木綿が不熟なので、年貢・諸役負担は困難であり、潰れ・欠け落ちが多く出ている」（『長野市誌』）。

山中郷の状況はもっと悲惨であった。和佐尾村（現・小川村）では、戸を閉めて物乞いに行く者が多く、昼間は人影もまばらであったという。野尻村（現・信濃町）の山奥では、一族一八人が「妻も子も孫も娘ももろともに弥陀の御国へゆくぞ嬉しき」という書き付けを残して餓死した家もあった。このほか、里郷でも餓死する者があった。

天明四年には、古海村（現・信濃町）の百姓に越後から物乞いに来た者も加わって善光寺町に押し寄せた。食べ物を乞い、中には残飯やゆで汁まで求めたという。

天明三年九月、上州安中領の細民たちが、信州から来る米の高騰に耐えかね、碓氷峠を越えて佐久・小県地方に米を求めて押し寄せるという、いわゆる「天明上信騒動」が起こった。西上州は畑作地帯で、信州からの米に頼っていたのである。

翌年十月、今度は松代藩領の山中郷で、「天明山中騒動」が起こった。山中の百姓が徒党を組んで、年貢皆済のための金子の借用を申し込みに酒屋に押しかけたのである。前年の凶作のために認められた年貢の延納分を速やかに完済するように求められたことが引き金になったと言われている。しかし、実際のところは延納分の二割を納めるように求めたということであったようだ。しかし、個人で延納分を皆済できる者は努力せよという但し書きが圧力となったとの見方もある。百姓たちは、中条村・新町村・布施五明村などの酒屋に次々と押しかけ、金子の

「天明飢饉之図」（福島県会津高田町蔵）

借用を求めた。最終的には、藩の勘定方役人と交渉し、年貢の延納などを認めさせることで解決した。

施粥の実施

天保の飢饉は、四年と七年がひどかった。四年五月半ば頃から冷雨が続き、真夏でも袷を着るほどであった。収穫は皆無といってもいいような状態であった。五年は天候がもちなおしたが、六年・七年と不順な天候が続き、特に七年の六月から八月には長雨にたたられた。晴れの日は、月に三日か四日というありさまだった。米の値段は急騰し、例年の三倍もの値段がつけられた。小麦・大麦・大豆・小豆の値段も高騰した。このために町場でも農村部でも飢えに苦しむ者が多く、松代城下や善光寺町では行き倒れが多数いた。

農村部でもわらびや摘み草はもちろん、小糠《こぬか》・ふすま、藁《わら》を粉にして食べたという記録もある。顔がむくれたり青くなっている者、まともに歩くことができないから、そろそろとよろけながら歩く者もいた。

藩では年貢の減免、領内の米穀を領外に持ち出すことを禁じる穀留め、囲い米の放出などあらゆる対策を講じた。藩や伊勢町の豪商菊屋八田家では天保七年に施行を行っている。八田家では、十月末から十二月上旬にかけて、松代町・町外町の人々に施粥を行った。藩では十二月に鍛治町の練光寺で施粥を行っている。翌年の正月から二月にかけては、木町の升田家でも施粥が行われた。中でも八田家の施行は天保七年から翌年の六月にかけて大規模に行われている。八年の正月は、四日から晦日まで毎日行われ、延べ合計で三万三二〇一人、門外では一〇六一人の非人に施行が行われた。施行を受けられるのは、松代八町と町外町の住人で、夫食拝借願いを町役人に提出し、難渋人と認定された者に限られた。

『日暮硯』の作者は誰か

『日暮硯』の著者はわかっていない。恩田木工による松代藩の改革は江戸時代から有名であったらしく、おびただしい数の写本があり、その内容は少しずつ異なっているのだが、その原型はどのような人物によって、いつ頃書かれたものなのか不明なのである。

歴史家の奈良本辰也は、その著書『日暮硯　信州松代藩奇跡の財政再建』（講談社・一九八七年）の中で、松代藩士馬場正方がその著者ではないかと記している。その根拠は多くの写本に「馬場正方」の署名が見られるからとしているが、岩波文庫『新訂日暮硯』の校注者である笠谷和比古氏はその説を否定して「本来その写本の書写者ないし写本の所蔵者の名前を記したものであったのが、更にそれを転写する中で、恰も作者署名の如き印象を与える位置に記されるに至ったものと思われる」としている。さらにはこの馬場正方は松代藩士ではあるが、幕末の人であり木工とはだいぶ時代が離れているというのである。

ある写本には、木工と同時代に生きた松代の僧侶が見聞したことを語り聞かせたものを書写したとあり、内容も当時の松代藩のことをよく知る者の手によると思われるが、一方で「名主」など当時の松代ではまだ使われていなかった表現もあり、語り聞かせを文字化したのは松代藩外の人物、例えば幕臣ではないかともいわれる。

いずれにせよ、作者の特定は、今日では新しい史料でも発見されない限り不可能と思われるが、江戸時代には写本というかたちで相当広範囲の人々に読まれていた。それは、当時の武士階級の者にとって、民百姓への接し方、武士としての心得といったものが具体的にかつ平易に描かれていて、日常生活の規範として受け入れられたからであろうと思われる。

恩田木工の改革はすでに見てきたように『日暮硯』の内容そのままではない。しかし、木工の人物像は『日暮硯』の木工と非常に近かったようだ。それは例えば木工とも親交のあった松代藩士の小松成章が次のように書き残していることからも知ることができる。「此人（木工―筆者注）病篤しと聞きて、国たみ嘆きわづらひ、我も我もとつどひ集まり、『日待』といふ事して本復をいのりける。江都（江戸―筆者注）にては、目黒の不動にまうでて、垢離して祈念しあえり、されども際りにやありけん、つひにむなしくなられにたれば、たれもたれも皆ちからをうしなひて、睦月にありけるが、誰が教ふるともなきに、松などとり入れ、うたひものの音をも遏密して、ひそまり居りける。ものの本にて見、むかし物語には聞きしが、かくばかり人の慕ひつきしを見たりしは、此時はじめなりけり」（小松成章『春雨艸子』）。

実際の改革の成果がどうであったかは別にして、信州松代に恩田木工という人がいて、民百姓や同輩に慕われる政治をしたということが誇るべきことなのであろう。

これも松代

お国自慢

これぞ松代の名物(2)

松代焼

松代焼は文化年間より、藩が特産として奨励したため多くの窯が築かれた。日常雑器が中心で、一時廃れたが昭和になって復興した。

(写真提供：長野市役所松代支所)

松代の酒

江戸時代の酒造業は藩の免許を必要としていたため、伊勢町の菊屋傳兵衛・寺町の菊屋嘉兵衛・伊勢町の伊勢屋寿作の三家が長く独占していた。しかし、庶民の生活にもゆとりが生まれた文化・文政期には株を取得するものが増えて、一時二十四家にも達した。その後明治以降は激減し、現在は松代町内では宮坂酒造店一軒を数えるのみとなった。

ここでは、旧松代藩領内で比較的よく飲まれている清酒を紹介する。

宮坂酒造店

雲山　純米原酒

坂井銘醸㈱
TEL026-275-0033

オバステ正宗　純米

長野銘醸㈱
TEL026-272-2138

信濃光　特別純米酒

㈱西飯田酒造店
TEL026-292-2047

本老の松　上撰

㈱東飯田酒造店
TEL026-292-2014

桂正宗　金紋

㈱酒千蔵野
TEL026-284-4062

象山正宗　辛口本醸造

㈱宮坂酒造店
TEL026-278-2006

第四章 幕末の松代藩と佐久間象山の活躍

八代藩主幸貫が幕府老中に就任。佐久間象山を登用して外国の脅威に備える。

1 松代藩、中央政界へ進出

七代幸専は彦根藩井伊家から、八代幸貫は白河藩松平家からと、松代藩は名家から養子を迎えた。幸貫は老中に就任し、外国の脅威が迫る難しい時代の政治を担うことになる。この時登用されたのが佐久間象山であった。

八代目藩主に幸貫が就く

幸弘の男児はみな早逝したため養子を迎えた。近江彦根藩★（現・滋賀県彦根市）藩主井伊直幸の四男順介である。順介は明和七年（一七七〇）の生まれで、真田家に養子に入り、幸専《ゆきたか》と改めた。寛政元年（一七八九）八月、七代目の藩主となった。

井伊家は徳川家譜代の大名で、のちに直弼が就任したように大老を出すことができる家格である。外様大名である真田家には願ってもない縁組であった。八代の幸貫は老中松平定信★の二男であり、有力な大名との縁が続き、真田家は譜代大名格となり、江戸城では帝鑑間《ていかんのま》詰めとなった。

幸専が藩主となっても藩の財政は相変わらず苦しかった。そのため幸専は殖産

▼彦根藩
徳川四天王の一人であった井伊直政を藩祖とする譜代大名。譜代としては最高の三十五万石の格式を誇った。また、直澄・直興・直幸・直亮・直弼と五代にわたって大老職に就いている。

▼松平定信
陸奥白河藩主で八代将軍徳川吉宗の孫に当たる。老中に就任し「寛政の改革」をすすめたことでも知られる。

させた。紙漉きや焼物（松代焼）をさかんにして運上金を徴収した。また、養蚕を奨励し、河原の砂地や田の畔にまで桑を植え興業を推進して藩財政の好転をはかった。

幸専は子に恵まれなかった。そのため、陸奥白河藩主で、天明七年（一七八七）から寛政五年まで幕府老中をつとめ、寛政の改革を推進した松平定信の二男を養子に迎えた。八代目の幸貫《ゆきつら》である。幸貫は寛政三年の生まれで、文政六年（一八二三）八月に松代藩主となった。

幸貫は、藩政改革に熱心で就任早々から諸方面の改革に着手した。そのため、松代藩中興の祖とも呼ばれている。検地の施行条目である「検地掟」をさだめたのを皮切りに、刑法、軍役、評定（裁判）の規定などを定めた。また、天保十四年（一八四三）には、職奉行と郡奉行を合併させ、新たに寺社奉行を設けた。

文政七年十一月には藩士の武芸を奨励する触れが出された。これは、稽古所に来て姓名だけを記し、稽古をしない者がいるのを戒めたり、武士であるのに猟師の真似をして鉄砲で鳥獣を撃つ者があるが、武士の身分をわきまえない行為であるなどと、平和な世が続き、緩んできた武士としての自覚を促す内容のものであった。とは言っても、すでに刀槍の時代ではなくなっていた。幸貫は藩の装備を火器中心のものに変えていった。当時家老であった真田桜山（志摩）が書き残した『一誠斎紀実』には次のように書かれている。「鋳造せられし大砲は二百門に

真田幸貫画像
（真田宝物館蔵）

止らず、小銃は三千を下らざるべし」

幸貫は、数々の武功を上げた藩祖信之を深く尊敬しており「(松代藩は)世の中には指折りの、武門には一、二と劣り申すまじく家柄」(文政七年「御触書」)という精神を藩士に徹底させようとした。文政九年正月には軍役が定められた。これは知行高により確保する馬・鉄砲・従僕などの数を細かく定めたものである。例えば、知行高三百石以上三百五十石までのものは、馬一匹・鉄砲一丁・従僕九人などとされていた。しかし、多くの藩士にとっては手当を出して従僕を雇うような余裕はなかった。藩ではこういった藩士の訴えを斟酌して、百姓を従僕として臨時に召し連れてもよいということになった。しかし、これはある意味では武士と百姓の身分差をあいまいにすることで、封建社会のほころびを露呈することでもあった。

幸貫老中に就任

天保十二年(一八四二)、幸貫は幕府老中に就任する。もともとが外様である松代藩としては異例のことであった。松平定信の二男という威光があったことではあろうが、幸貫の手腕への期待もあったのである。推挙したのは水戸藩主徳川斉《なり》昭《あき》★であったという。この時の老中首座は水野忠邦であった。

▼徳川斉昭
徳川御三家である水戸藩の第九代目の藩主。十五代将軍徳川慶喜の実父にあたる。幕末の政界では実力者として活躍した。

十九世紀に入ると、イギリス・ロシア・アメリカなど列強の艦隊が日本の近海に出没し、交易を求めるという事態が相次ぎ、鎖国体制が揺らぎはじめる。一八四〇年のアヘン戦争はそれに一層の拍車をかけた。アヘン戦争は、アヘンを清に大量に売り込もうとするイギリスと、それを阻止しようとする清国の間で起こった戦争で、イギリス艦隊の攻撃に清国は圧倒された。これにより、清国の半植民地化がすすむのである。このように、アジアの情勢が緊迫する中、幸貫は海防掛に任命される。今でいうところの外務大臣兼防衛大臣の役割であろう。

天保十三年、幸貫は佐久間象山を顧問にして海外事情を調べさせた。象山は九月に伊豆韮山の代官江川太郎左衛門の門に入り西洋砲術を学ぶ。それから二カ月、有名な「海防八策」が幸貫に提出されるのである。わずか二カ月で日本のすすむべき道を示した象山は、ものごとの本質を見抜く天賦の才能に恵まれていたのであろう。その「海防八策」には次のようなことがおおよそ述べられている。

其一、諸国海岸要害之所、厳重に炮台を築き、平常大炮を備へ置き、緩急の事に応じ候様支度候事。

其二、阿蘭陀交易に銅を被差遣候事、暫御停止に相成、右之銅を以、西洋製に倣ひ数百数千門之大炮を鋳立、諸方に御分配有之度候事。

其三、西洋之製に倣ひ堅固の大船を作り、江戸御廻米に難破船無之様支度候事。

其四、海運御取締りの義、御人選を以て被仰付、異国人と通商は勿論、海上万端之奸猾、厳敷御糾有御座候事。

其五、洋製に倣ひ船艦を造り、専ら水軍の駆引を習はせ申度事。

其六、辺鄙の浦々里々に至り候迄、学校を興し教化を盛に仕、愚夫愚婦迄も、忠孝節義を弁へ候様仕度候事。

其七、御賞罰弥明に御威恩益々顕れ、民心愈固結仕候様仕度候事。

其八、貢士之法起し申度候事

「海防八策」は、アヘン戦争後の危機感の中で書かれたもので、時の老中であり藩主であった真田幸貫の要請にこたえたものであった。こうして藩主幸貫に見いだされ、象山は歴史の舞台に登場してくるのである。

この「海防八策」が提出される前、七月に幕府は「無二念打払令」を緩和し、「薪水等不足にて帰国致し難き向きへは薪水・糧食を給すべし」として新しい方針を打ち出していた。また、これまで許されなかった藩が大砲を鋳造することもできるようになっていた。幕府としても精一杯の海防策を実施に移してはいたが、まだまだ西洋の科学技術に対する知識不足は否めず、象山の提出した「海防八策」はまさに画期的なものであった。しかし、当時それが実行に移されたようすはない。

天保十四年閏九月、水野忠邦は老中免職となった。これは忠邦がすすめようとした「上地令」が大名たちの猛反発にあったためで、これにより「天保の改革」は終焉した。幸貫は御勝手御入用掛として幕閣に残ったが、翌弘化元年（一八四四）五月老中職を退いた。現状肯定派が多数を占める中、幸貫のような改革派は居心地が悪かったのであろう。

佐久間象山

佐久間象山は、文化八年（一八一一）、松代城下有楽町《うらまち》（浦町ともいう）で生まれている。父は佐久間一学国善《いちがくくによし》、五両五人扶持という微録であったが、卜伝流の剣術の達人で、自宅に道場を構えていた。母は足軽荒井六兵衛の娘まんで、国善の妾であった。象山は、父が五十歳、母が三十一歳の時の子で、国善は初の男児誕生をたいそう喜び、『詩経』の「東に啓明あり」から選んで幼名を啓之助と名付けた。

佐久間象山が初めて江戸に遊学に上るのは、天保四年（一八三三）、二十三歳の時である。それまでは鎌原桐山について経学を学んでいる。桐山は松代藩の国家老で、佐藤一斎の門下であった。また、同時に和算の講義も受けている。十八歳の時、上田に住む活文という学僧のもとに通い、中国語と琴を修得した。松代から上田までは地蔵峠越えで七里の山道である。象山は馬で往復したのだという。

そんな努力が実り、象山は藩主幸貫にその才能を見いだされ、江戸に遊学を許

佐久間象山生家跡

佐久間象山（酒井雪谷筆）
（写真提供：長野市教育委員会）

されたのであった。江戸では、桐山の紹介で佐藤一斎の門に入った。まだこの頃は蘭学を学んでいるようすはない。天保七年には帰松し、有楽町の自宅で藩士たちに経書を講義するようになった。

象山が再び江戸に出たのは、天保十年、二十九歳の時であった。神田阿玉池畔に「玉池書院」を開塾し、弟子を教えた。ここで教えたのもやはり経学である。玉池書院はのちに五柳精舎と名を改めている。

天保十二年、藩主幸貫は老中に就任する。翌年、幸貫の求めにより「海防八策」を提出したことは先に述べた。その後、象山が本格的に蘭学を学びはじめたのは、弘化元年（一八四四）三十四歳の時といわれている。坪井信道の弟子である黒川良安についてオランダ語を学びはじめた。この時、黒川との間でかわしたのが、黒川にオランダ語を教えてもらう代わりに、象山が黒川に漢学を教えるというものであった。

オランダ語をマスターした象山は、兵書、砲術書、そして自然科学書と次々に渉猟し、それを自分のものにしていった。嘉永四年（一八五一）に木挽町で塾を開く頃には西洋砲術の大家として、象山は広くその名声が知られるようになっていた。佐久間象山の知識の豊かさは誰もが認めるところであった。明治の思想家徳富蘇峰は象山の偉業を「大建築師が、図案を立つる如く、悉く実数の上より進歩計算し、一糸一毫決して違わざるに在り」（『吉田松陰』）と表現している。

木挽町佐久間象山塾跡

阿玉池跡

佐久間象山と吉田松陰との出会いは、嘉永四年のことであった。これについては有名なエピソードがある。徳富蘇峰の『吉田松陰』から引用すると、「松陰惟《おもえ》らく、象山畢竟洋学をひさいで、自から給する売儒ならんと。乃ち平服のままにて、その門に入る。象山厳然として、『貴公は学問する積りか、言葉を習う積りか。もし学問する積りならば、弟子の礼をとりて来れ』と。松陰すなわち帰りて衣服を改め、上下を着し、その門に入れり。のち人に語りて曰く、『象山という奴は、並の奴ではないぞ』と」

実際にこんなことがあったかは別として、象山らしさ、松陰らしさを語るエピソードとして伝わってきたのであろう。蘇峰は続けて、「弟子は率直に過ぎるほど率直なり、先生は荘重に失するほど荘重なり」と記している。

徳富蘇峰が勝海舟に聞いた話として、次のように吉田松陰の風貌を伝えている。「嘗て海舟勝翁に聞く、翁の壮なるや、佐久間象山の家において、一個の書生を見る。鬢髪《びんぱつ》蓬の如く、癯骨《くこつ》衣に勝《た》えざるが如く、而《しこう》して小倉織の短袴《たんこ》を着く。曰く、これ吉田寅次郎なりと」

骸骨が着物を着ているようなものとは大げさな表現だが、松陰がやせ細っていたのは、ろくなものを食べていなかったからであり、食べるものも惜しんで学問のためにつぎ込んでいたのであろう。一方の師佐久間象山はというと、「綸子の被布を纏い、儼然《げんぜん》として虎皮に坐す」といったふうで、ずいぶんと偉ぶっていた

吉田松陰肖像

勝海舟肖像

ようだ。

勝海舟は象山があまり好きではなかったようで、「佐久間象山は、もの知りだったよ。学問も博し、見識も多少もっていたよ。しかしどうもほら吹きでこまるよ」と手厳しい。しかし、この言葉の中には真っ向から拒否しているというわけではないということが感じられる。「ほら吹きでこまる」のであり「どうも始末にいけなかった」のであるが、その見識はいちおうは認めているのである。それは例えば藤田東湖に対して「藤田東湖は、おれはだいきらいだ。あれは学問もあるし、議論も強く、また剣術も達者で、ひとかど役にたちそうな男だったが、ほんとうに国を思うという赤心《まごころ》がない」と厳しく批判しているのとは大違いである。

海舟にしても松陰にしても、象山の綸子の被布の下のその本質を見ていたようである。松陰は言う、「象山常に春秋の義を引き、城下の盟《ちかい》を以て国の大恥と為す。下田の義を聞き、いよいよ益々憂憤す。予が事に坐して獄に下り、獄中になお上書して宇内の沿革を論じ、航海の事務を陳べんと欲す」

国のことに憂憤し、獄中でもなお上書するその象山の姿勢に、松陰もまた共感し、師事したのである。

吉田松陰が生涯の師と仰いだのは、佐久間象山が第一であった。松陰は言う。

「象山高く突兀《とっこつ》たり、雲翳《うんえい》仰ぐべきこと難し。何《いず》れの日にか天風起り、快望せん狻猊《さんげい》の蟠《わだか》まるを」

善光寺地震と課業銭の新設

弘化四年（一八四七）三月二十四日午後十時過ぎ、善光寺平一帯をマグニチュード七・四という大地震が襲った。震度七の揺れに襲われた善光寺町は、ちょうど善光寺の御開帳の開催中で大勢の参拝客で賑わっていた。善光寺町の被害は主に火事によるものであった。二日二晩燃え続け、善光寺の本堂は焼失を免れたものの、大本願は全焼、大勧進の万善堂も大破した。堂庭の茶屋・見世物小屋も焼け、多くの焼死者が出た。門前町のほとんどが焼け、花街の権堂も大きな被害が出た。

松代城下でも被害は大きかった。本丸・二の丸・三の丸の塀や櫓が倒壊した。城下町では全壊した家一七六軒、半壊した家一〇五軒、圧死者は三二人にのぼっている。

藩内の村々では一五一カ村に被害が及び、多くの道路・橋・用水堰が失われた。山中郷の村々では地滑りが発生し、犀川右岸の虚空蔵山では崩れてきた土砂が犀川をせき止めた。そのため上流では水かさが増し、せき止め湖ができてしまった。四月十三日、折からの大雨でせき止め湖は決壊し、激流は川中島平一帯に流れ込んだ。このため、水が引いた後も土砂が田畑や用水堰に残り、復旧のための大き

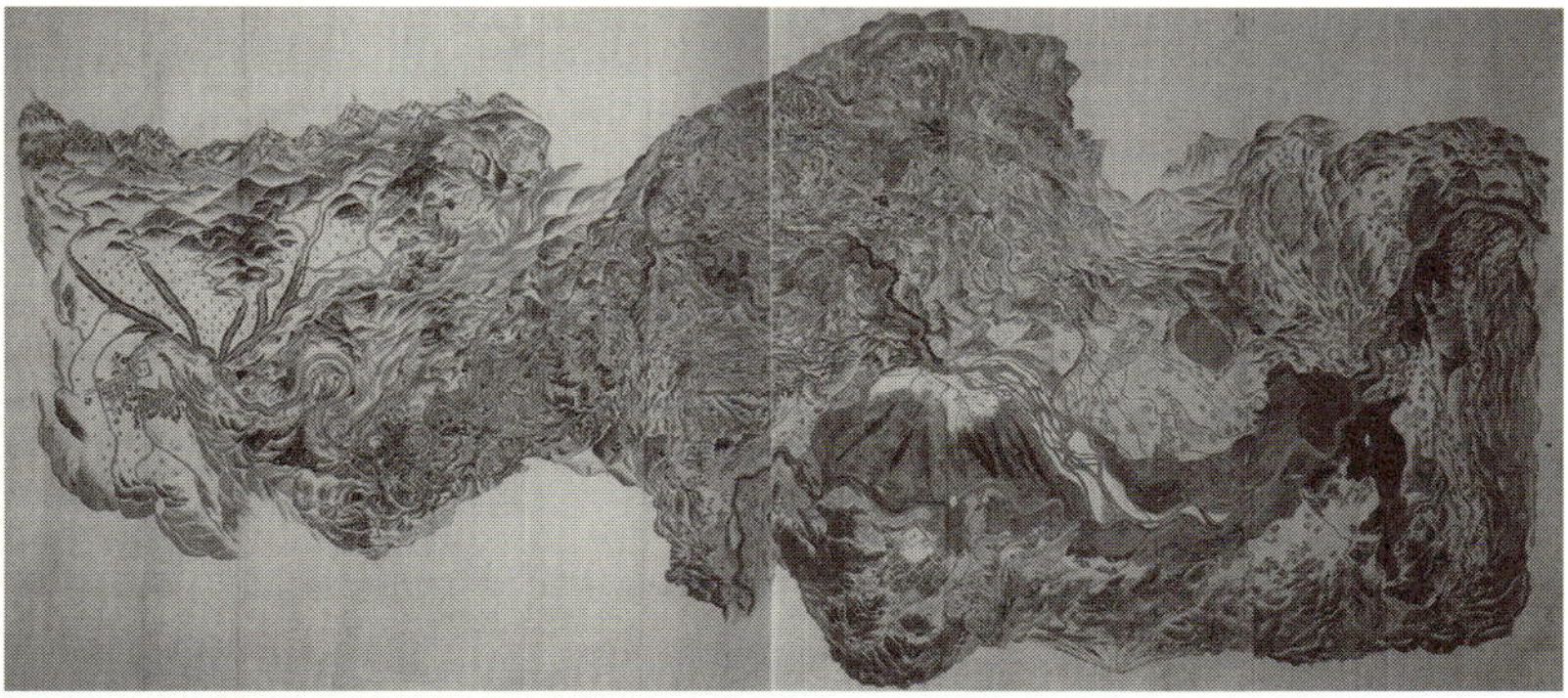

弘化４年信州地震大絵図（真田宝物館蔵）

な障害となった。

この地震の被災者の救済のために、松代藩では各地に御救い小屋を設け、炊き出しを行っている。善光寺でも被災した人々のために御救い粥が施されている。これらの公的な救済策とは別に、善光寺町や松代城下の富裕な商人たちからの義捐金や救援米が提供されている。

善光寺地震で大きな被害を受けた領内の村々の復興のため、藩ではまた大きな出費を強いられることになった。このとき松代藩は幕府から一万両を拝借しているが、これだけでは十分とは言えなかった。そこで新たな課税として領民に課されたのが「課業銭」というものであった。

具体的には、嘉永元年（一八四八）から五カ年にわたって「男女とも十八歳以上六十四歳以下、一月に男は百文、女は三十二文の当を以て、何品に限らず手稼ぎ致し、鳥目にて成りとも、稼ぎ候品成りとも月々上納致すべく候」（「申し諭し大意」）というものであった。建前としては月のうちの一日の稼ぎを上納せよというもので、実質的には新たな課税であった。これによって藩は、五年間で二三五五両の収入を得た。

松代藩の派閥抗争

松代藩内にあっては、幸貫そしてその跡を継いだ幸教の時代は二つの派が藩政の方針をめぐって対立した時代であった。そして、象山もその動きの中に巻き込まれていったのである。幸貫が藩主になった時、家老をつとめていたのは恩田頼母であった。頼母は藩主幸貫の打ち出した軍備充実の路線を支持する立場で、頼母の下には山寺常山がおり、象山はこの一派と親しかった。

もうひとつは、嘉永四年（一八五一）十月に頼母が家老免職になった後に実権を握った真田志摩（桜山）、鎌原伊野右衛門を中心とするグループで、長谷川昭道なども属していた。志摩らはどちらかというと、幸貫の路線には反対で、藩の財政が苦しい中、内政を重視すべきという立場をとった。

弘化四年（一八四七）三月、善光寺地震が起こった時の藩主は幸貫であった。幸貫は老中を辞職した後、その心労もあってか体調を崩していた。嘉永二年には病床につくようになり、嘉永五年に幕府に隠居願いと家督相続願いを出している。五月六日、孫の幸教に家督の相続が認められた。それを見届けるように、幸貫は六月三日に江戸藩邸で死去した。

幸教は天保六年（一八三五）の生まれで、十八歳で藩主に就いた。藩の実権を握っていたのが真田志摩や鎌原伊野右衛門であったが、この時「仮養子一件」というお家騒動が起こっている。幸教にまだ子がなかったため、万一の場合に備えて志摩の子を仮養子としておこうというものであった。その話が風説として伝わり、幸教を押し込め十万石を奪うものだということが幸教の耳にも達した。結果、志摩や長谷川昭道は免職となった。代わって藩の実権を握ったのは恩田派であった。

真田志摩の側近として活躍したのが長谷川昭道である。昭道は文化十二年（一八一五）の生まれ、通称は深美。文化八年生まれの象山とは四歳の差があった。色部祐二郎は『象山書翰集』（明治四十四年刊行）の中で、「象山と昭道は共に松代藩の偉士にして、山寺常山と併せて、実に鼎立の勢にありしなり」と高く評価している。

嘉永四年に真田志摩が家老に就くと、昭道は郡奉行に任じられた。翌年、文武学校掛を命じられ、安政二年（一八五五）に開校する藩校文武学校の設立のために尽くした。このとき知行五十石を給される。

嘉永六年「仮養子一件」が起こり、志摩派の昭道は藩政から退けられる。その後、安政六年、自らの藩政復帰を藩主幸教に直訴するが受け入れられず、翌年四月蟄居を命じられる。

元治元年（一八六四）四月、蟄居を解かれた昭道は留守居役として京都に赴く。京都には昭道より先に蟄居を解かれた象山がいた。四月十七日、昭道は象山を訪ねるが面会を拒否される。七月、象山が暗殺された後、昭道は江戸と京都を行き来して藩論を勤王にまとめるために努力する。明治二年（一八六九）、明治政府に出仕し太政官権大吏となるが、翌年には官を辞して帰郷し著述に専念した。

新御殿の建設

文久二年（一八六二）、幕府は参勤交代制度を緩和し、藩主の妻子は江戸・国元どちらに住んでもかまわないということになった。松代藩では九代藩主幸教の時代で、夫人の晴姫（真晴院）は国元に帰ることになった。江戸にはほかに幸教の父である幸良の室であった貞松院がおり、こちらも国元に帰ることになった。

当時幸教は花の丸御殿に住んでいたが、そこに晴姫と貞松院を迎えるのはいかにも手狭であった。そこで藩は、幸教と晴姫の住まいを花の丸御殿とし、貞松院のためには新しい御殿を建設することになった。この新御殿が現在一般に公開されている「真田邸」である。新御殿の場所は松代城の南側に当たるが、ここには喰違《くいちがい》御用屋敷があった。江戸時代初期には武家屋敷が並んでいたが、享保二年（一七一七）の城下の大火事を機会に喰違と呼ばれる火除地《ひよけち》となった。その後畑地になっていたが、幕末には御用屋敷が建てられていた。

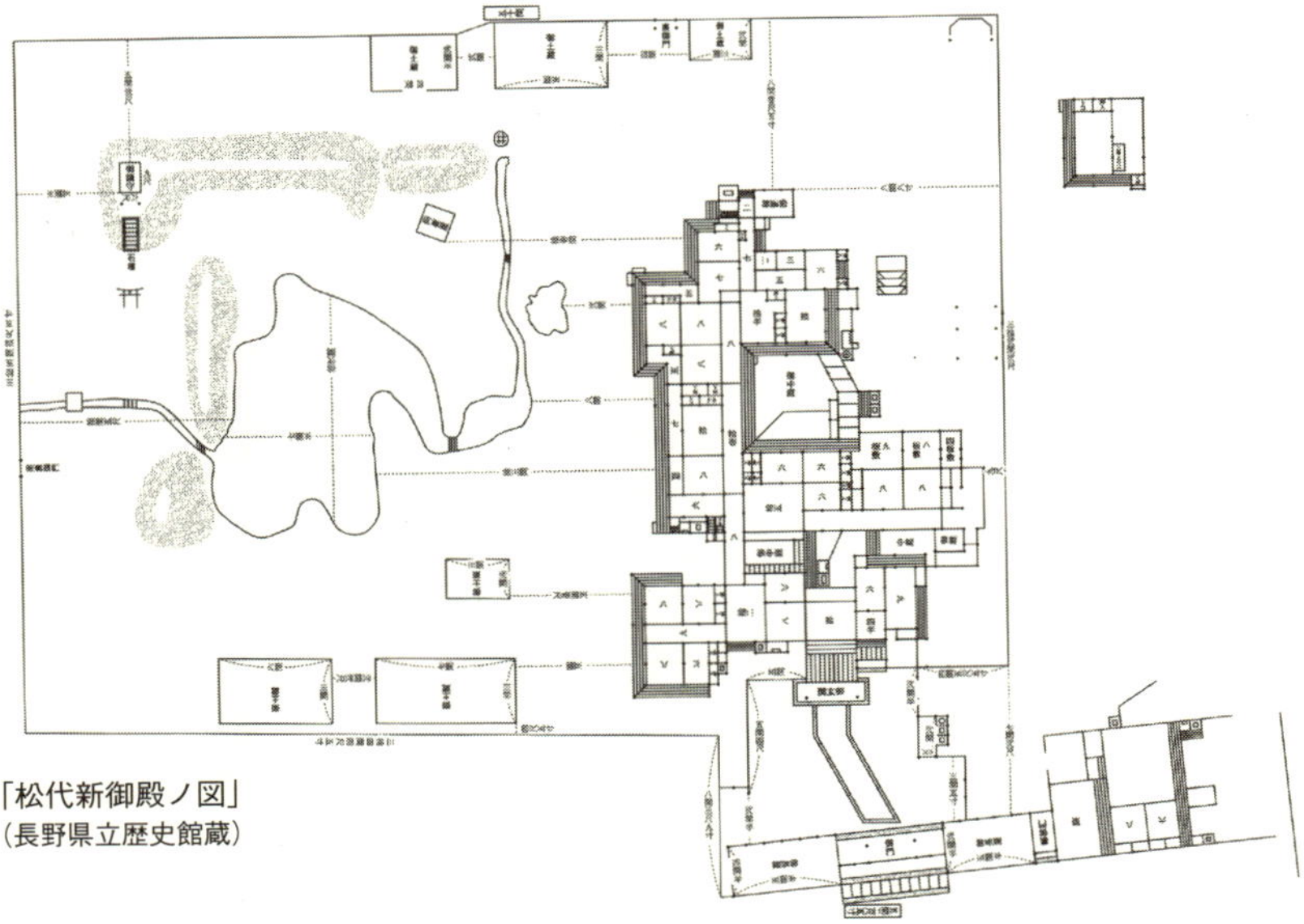

「松代新御殿ノ図」
（長野県立歴史館蔵）

翌文久三年、貞松院が松代に着くが、新御殿はまだ完成していなかった。そこで、仮の住まいとして家老望月帰一郎の屋敷に住むことになった。

元治元年（一八六四）十月に新御殿が完成して貞松院が移るが、十二月には参勤交代制度が元に戻され、翌年の二月には貞松院は再び江戸に戻ってしまう。

慶応二年（一八六六）幸教は、宇和島藩伊達家から養子に迎えた幸民に家督を譲り隠居する。五月、幸教は江戸藩邸から松代に帰り、花の丸御殿に住むようになる。その後新藩主幸民がお国入りしたため、花の丸御殿を幸民に譲り、自らは新御殿に住んだ。

明治元年（一八六八）には貞松院と晴姫が再び松代に帰国する。今度は、貞松院が花の丸御殿に住み、晴姫は幸良とともに新御殿に住んだ。翌明治二年、幸良が亡くなったため晴姫は鎌原仲次郎の屋敷に移った。

明治維新後、版籍奉還・廃藩置県により松代城は新政府に接収された。新御殿も同様に接収されたが、明治八年に貞松院が払い下げを受け、再び真田家のものとなった。しばらくは貞松院が住まいとして使っていたが、東京に出た後は真田家の別邸として使われてきた。

戦後になってからは昭和四十一年（一九六六）に屋敷と道具は一括して当時の松代町に委譲された。昭和五十六年には国の史跡に指定されている。平成十六年（二〇〇四）には大規模な改修工事が行われ、当時の美しい姿をよみがえらせた。

真田邸

②

黒船の来航と象山暗殺

黒船来航の報に、佐久間象山は弟子たちとともに浦賀に向かう。

翌年、弟子の吉田松陰の下田踏海事件に連座して、象山は国元に蟄居を命ぜられる。

文久二年、蟄居を解かれた象山は京都に向かい、公武合体に奔走するが尊皇攘夷派の兇刃に倒れる。

ペリー艦隊、江戸湾にあらわる

嘉永六年（一八五三）六月三日早朝、四隻の黒船が江戸湾に進入してきた。アメリカ合衆国東インド艦隊司令長官マシュー・ペリー率いる四隻の艦隊であった。ペリーは日本開国の指令を受け、大統領フィルモアの親書を携えて大西洋、インド洋を経由して日本にやってきたものであった。幕府はただちに退去を求めたが、ペリーはこれに応じず、大統領の親書の受け取りを強く要求した。六日には江戸湾深く測量隊を進入させた。武力を背景に交渉を迫ったのである。

幕府は連日にわたり緊急会議を開いたが、名案は浮かばず、親書の受け取りのためにペリーの上陸を認めざるを得なかった。六月九日ペリーは久里浜に上陸し、浦賀奉行戸田氏栄、井戸弘道が全権として親書を受け取った。その後、ペリーは

マシュー・ペリー肖像

来春の来航を予告して江戸湾を退去した。

佐久間象山も吉田松陰も、嘉永六年の黒船来航の時には期せずして浦賀に急行している。『維新史料綱要』は嘉永六年六月四日の項目に次のように記している。

「松代藩士佐久間修理『啓』　藩命に依り、浦賀に赴いて米艦の動静を視察す。六日江戸に帰る」

黒船来航を聞いた象山は、ただちに新橋の松代藩邸に行き、江戸家老望月主水にその旨を報告した。主水の許しを得た象山は、弟子の小林虎三郎★らの門弟を連れ浦賀に向かった。

「元萩藩士吉田寅次郎『矩方』　浦賀・久里浜『相模国三浦郡』に赴き、米艦の状を視る」

ペリー艦隊の発見は、六月三日の早朝で、その知らせが江戸に届いたのは、その日の夜のことだった。象山の浦賀行きは翌日であるから、ずいぶん早い対応である。徒歩と船で浦賀に着いたのは、夜の十一時頃であったようだ。弟子の松陰が着いたのは、象山に遅れること一昼夜、六月五日の午後十時頃であったという。

師弟はここで、黒船の模様をつぶさに観察し、記録（『浦賀日記』）に残している。浦賀沖二キロの海上に四隻の艦船は停泊していた。旗艦サスケハンナ二四五〇トン、ミシシッピー一九六二トン、サラトガ八八二トン、プリマス九八九トンである。『維新史料綱要』は交渉の模様を次のように記している。

▼小林虎三郎
一八二八〜一八七七。長岡藩士小林又兵衛の三男。二十三歳の時藩命により江戸に遊学、佐久間象山の門に入る。吉田寅二郎（松陰）とともに「象山門下の二虎」と称される。戊辰戦争に際しては、新政府への「嘆願書」を起草するが、河井継之助の反対で提出されなかった。明治維新後は長岡大参事となり、戦争によって荒廃した長岡の復興につとめた。明治十年死去。享年五十歳であった。

黒船

「浦賀奉行組与力香山栄左衛門『永孝』米艦に抵り、長崎廻航を促す。聴かず。栄左衛門、遂に七日を期し、国書受否を回答すべきを約す」
「浦賀奉行戸田氏栄、組与力香山栄左衛門を江戸に急派し、米使我諭示に応ぜず、国書の受領を要むるを報じ、指揮を請ふ」

結局、幕府はペリー艦隊の圧力に負けて、国書の受け取りを決めることになる。

佐久間象山が、この黒船騒動になみなみならぬ関心を示したのにはわけがあった。天保十三年(一八四二)、象山は「海防八策」を藩主真田幸貫に提出して、今日の事態を予言していたのである。しかし、象山の提言はほとんど幕政の中に取り入れられることはなかった。この未曾有の危機に際してようやく幕府は重い腰を上げた。ペリー来航後の幕府の政策は、象山の「海防八策」の跡をなぞるものであった。例えば、「其五、洋製に倣ひ船艦を造り、専ら水軍の駆引を習はせ申度事」を実行に移したのが、オランダへの軍艦の発注であり、長崎海軍伝習所の設置であった。象山はペリー来航のはるか前に、日本のとるべき道をはっきりと指し示していたのである。

象山、松陰の下田踏海事件に連座

嘉永七年(一八五四)一月、ペリーは約束どおり伊豆沖に姿をあらわした。今度は七隻の軍艦を率いていた。ペリーは羽田沖まで艦船を進入させてきたため幕府は恐れをなし、横浜に応接所を設け、ここで交渉を行うことにした。幕府側の全権は、林大学頭、町奉行井戸覚弘、浦賀奉行伊沢政義、目付鵜殿長鋭の四人で、交渉は二月十日から十日間にわたって行われた。その結果、三月三日に十二カ条にわたる「日米和親条約」が結ばれた。これにより、下田・箱館の開港が決まった。

横浜応接所の警備は松代藩と豊前小倉藩が当たった。象山は軍議役として横浜に出張した。その時の警衛のようすを『横浜陣中日記』に残している。それによると、「亜墨利加人応接の仮屋、江戸より十里西南の横浜といふ所に建てられ、その警衛のためには御家（松代藩真田家）よりと小倉の小笠原家より人数を出すべき旨おおやけ（幕府）より仰せ言あり。御家よりは二月六日四ッ時（午前十時頃）に人数を出さる。銃卒四隊ごとに二十四人皆洋銃を執る。物頭二人してこれを指揮す。白地胴赤の旗二流、赤地纏旗一本、大砲五門、一門は六斤、地砲一門は十五栂《つが》、長入砲三門は十三栂、天砲番士三十人にてこれを掌る。外に長柄の槍四十筋、長巻二十振あり。これは警衛のとき異人往来近く小笠原家の人数に相対して陣をたてむには銃を用いるに宜しからず、その時これを銃に替えて用いんとて用意ありし也。総奉行には望月主水貫恕、番頭には小幡長右衛門、旗奉行には依田甚兵衛、使番には石倉

高川文筌筆「松代藩横浜警衛の図」（真田宝物館蔵）

藤右衛門、目付には馬場弥三郎正矩、陣馬奉行には白井平左衛門、小荷駄奉行には卜木次郎右衛門なんど也、某《それがし》は軍議の役にて」

この時の松代藩の装備は新式のもので、小倉藩の装備が旧式であっただけに、沿道の人々はその違いに目をみはった。

三月五日、松代藩は応接所の警衛を解かれ、十四日には江戸に引き上げた。象山はこの時、横浜の開港を強く主張したが、その意見は容れられなかった。

条約の締結後、ペリーは旗艦ポーハタンに乗船し、江戸湾深く進んだ後、下田港に碇を下ろした。三月二十八日未明、ここで吉田松陰の密航事件が勃発するのである。

四月、吉田松陰の下田踏海事件に連座して、佐久間象山は南町奉行所の取り調べを受けた。四月六日の早朝、出頭した象山は白州での吟味の後、伝馬町の揚屋に収監されてしまった。ペリー艦隊に乗り込み、アメリカに密航を企てた実行犯の吉田松陰、金子重輔も同様であった。二人の乗った小舟に、象山が松陰に贈った詩と象山が添削した投夷書★が残されていたのが動かぬ証拠と見られたのだ。松陰は、米艦に密航を断られたことで、もはやこれまでと観念し、自首して出たのだが、象山もこれを教唆したとして罪を問われたのである。

この下田踏海事件の前年、松陰は長崎に赴いてロシア船に乗り込もうとしたことがあった。これには象山は大いに関係していた。松陰の『長崎紀行』は、次の

▼投夷書
「日本国江戸府の書生、瓜中万二（くわのうちまんじ）、市木公太（いちきこうた）、書を貴大臣、各将官の執事に呈す。（中略）支那の書を読むに及んで、やや欧羅巴（ヨーロッパ）、米利堅（めりけん）の風教を聞知し、乃（すなわ）ち五大州を周遊せんと欲す。然（しか）り而（しこう）して吾国は海禁甚だ厳しく、外国の人の内地に入ると、内地人の外国に到ると、みな貨（ゆる）さざるの典あり」吉田松陰が下田踏海を決行したときに持っていた「投夷書」の冒頭の部分である。原文は漢文で書かれており、これを象山が添削したとして罪が及んだのである。文中瓜中万二とは松陰の偽名であり、同じく市木公太は金子重輔の偽名である。

ように書きはじめられている。

「嘉永癸丑九月十八日　晴。江戸を発し、まさに西遊せんとす。この行は深密の謀、遠大の略あり、象山師はじめこれが慫慂をなし、鳥山新三郎、永鳥三平、桂小五郎またこれが賛成をなす。その他の深交旧友は一識るものなし。朝、日本橋桶町の寓居を発し、象山師に過りて別れを告げ、品川駅に出づ云々」

その目的については『長崎紀行』には何も記されていないが、下田踏海事件に際しての取り調べの時に、長崎行きの目的について次のように語っている。

「去夏以来異国の軍艦近海へ渡来致し候趣承り及び、深く心痛の余り西洋へ渡り国々の風教軍備等悉く研究致すべしと修理（佐久間象山）とも議論に及び候処、当今の形勢彼を知る事急務にして、間諜細作を用い候外良策これ無く候えども、重き御国禁に付き官許はこれ有るまじく、自然漂流の体に致し成し事情探索の上、立帰り候わば専ら御国のためにも相成るべき旨申す間、兼ての内存と符合致し頻りに西洋周遊の念差起り、去秋長崎表へ渡来の魯西亜船へ身を托すかまたは漁船を雇い渡海すべしと九州筋遊歴の積りにて修理方へ暇乞いにまかり越し候処、その胸間を察し送別の試作を贈る」

象山との間で中浜万次郎のことが話題にのぼったようなのである。万次郎は土佐の漁師で、時化《しけ》にあい、無人島に漂着していたところをアメリカの船に救われ、アメリカで教育を受けた。帰国後はその英語力がかわれて、幕臣に取り立てられたのである。これをヒントに、松陰の密航計画は立てられたようである。

松陰が長崎に向かったのは、長崎港に停泊していたプチャーチン率いるロシアの極東艦隊に身を投ずるためであった。しかし、プチャーチンの艦隊は、松陰がたどり着く二日前、長崎を去っていた。松陰はむなしく江戸に戻るのであるが、長崎に赴く時、象山は「吉田義卿に送る」という詩を草し松陰を激励した。その一節に「環海、何ぞ茫々たる　五洲自ずから隣をなす　周流して形勢を究めよ　一見は百聞を超ゆ　智者は機に投ずるを貴ぶ　帰来、須く辰に及ぶべし　非常の功を立てずんば　身後、誰か能く賓せん」——その大意は「五大洲をめぐって形勢を見極めよ。智者は好機に投ずることを貴ぶものだ。帰って非常の功を立てることができたならば、人々は君を重く用いるだろう」。松陰への贐《はなむけ》の言葉であった。象山はこの詩に添えて、長崎までの旅費として四両を与えている。

松陰が下田で密航を企てた時、この詩が発見されたため、象山にも累が及んだのである。九月十八日、象山は松代において蟄居という幕府の判決が下された。九月二十九日、家族とともに江戸を出発した象山は、十月三日に松代に着いた。いったんは姉の嫁ぎ先である北山家に身を寄せたが、その後家老望月主水の別邸を借り、ここで赦免になるまで過ごすのである。

佐久間象山暗殺

日米和親条約に続いて、安政五年（一八五八）六月には大老井伊直弼のもとで「日米修好通商条約」が結ばれた。この条約が勅許を待たずに締結されたことから、折からの尊皇攘夷に一層の拍車がかかった。これに対し井伊は尊攘派の志士たちを逮捕、投獄してその動きを封じた。いわゆる安政の大獄である。この時死罪となったのは、象山の愛弟子吉田松陰をはじめ橋本左内、頼三樹三郎らであった。

万延元年（一八六〇）三月三日、登城途中の井伊直弼を水戸藩士らが襲って殺害した。幕末混乱の時代の幕開けであった。象山はこの間松代に蟄居させられている身で自由は奪われていたが、時々面会を求める志士たちが松代を訪れていた。万延元年九月には松陰の遺書を携えて、弟子の高杉晋作が松代を訪れた。象山との面会はいったんは拒絶されたが、急患者の診察を名目に許可が下りた。象山は松陰の処刑を聞き、愛弟子の死を深く悲しんだという。併せて高杉らの急進的な攘夷論を強く批判し、無謀な行動は慎むように諭した。二人の面談は夜を徹して行われた。ほかに久坂玄瑞や中岡慎太郎も藩命により松代を訪れている。

文久二年（一八六二）も押し迫った十二月二十九日、象山の蟄居が解かれた。

象山が蟄居中に住んだ高義亭（望月主水邸）

元治元年（一八六四）三月七日、幕府より象山に上洛の命が下った。「御用の品もこれあり候間、早々上京申し付くべきむね公儀より御達しこれあり候につき、上京仰せつけられ候、早速出立すべく候」。三月十七日、象山はわずかな供を連れ、松代を出立した。

三月二十九日、京都に着いた象山は、四月三日、酒井雅楽頭より次のような辞令を受けた。

真田信濃守家来　佐久間修理
海陸御備向掛手附御雇被仰附
御雇中御扶持方二十人御手当金十五両被下候也

象山はこの待遇にいささか不満であったようだ。数日間は不快の色を眉宇に漂わせていたという。しかし、十日に山階宮に召され、中川宮にも拝謁を許された。十二日には一橋慶喜に拝謁するようになり、象山の不快もだいぶ直ってきた。

会談の内容は自説の公武合体論を説くことであった。具体的には、天皇を一時彦根に御動座させ、ついには江戸に迎え入れ、江戸へ遷都することを企図していたというのである。

この象山の江戸遷都計画なるものは、歴史書を見てもほとんどその記述がなく知られてはいないのだが、松本健一氏は松代藩家老の真田志摩の『一誠斎紀実』から引用してそのことを具体的に述べている。「一朝彦根城へ遷幸の後は、遂に

象山が京都滞在中に住んだ煙雨亭
（象山神社に移築されている）

皇居を東国に遷し、天子を挟み西諸侯の力を抑え、幕府を佐けて天下に号令せんと、会津を始め、其他数名の幕吏と密議して、此挙に及びしなり」

　これを見る限り、象山の公武合体論は完全に幕府寄りである。さらには、この計画には会津藩が深く関与していたようでもある。これまで、佐久間象山と会津藩との関係については、それほど多くは語られてこなかった。ほとんど資料がないからなのだろうが、開明派の象山と頑迷固陋な佐幕原理主義と見られてきた会津との接点など考えられなかったのである。わずかに山本覚馬★が象山の弟子であったということぐらいだろう。

　それが、象山と会津藩は協力して孝明天皇を江戸に遷す計画をすすめていたというのである。このことは松本健一氏の『評伝佐久間象山』にあり、広沢安任《ひろさわやすとお》（当時の会津藩公用方）の回想にもはっきりと江戸に遷都する計画があったことが書かれているという。

　こういう危険な思想を尊攘派は許しておけなかった。象山の身を案じていろいろ忠告する者もあったようだ。そんな心配に対し自信家の象山は、そのようなことを恐れていたのでは大事をなすことができないと一笑に付したという。そんな手紙が残されている。「もし此方の身に災いにてもかけ候事之あり候はば、日本は最早大乱と存じ申すべく候。甚だ分に過ぎ候事を申様に候えども当節の議論、日本国中の命脈は此方にこれありと存じ、此の御国と存亡を共に致し候了見故

▼山本覚馬
会津藩の砲術指南役山本権八の長男として会津城下に生まれる。山本家は代々会津藩の砲術指南役であり、その遠祖は武田信玄の軍師であった山本勘助であるという。二十二歳で江戸に出て、勝海舟らとともに佐久間象山の塾に入門する。文久二年、藩主松平容保の京都守護職就任に伴い上洛、公用人として活動した。戊辰戦争の時は京都に残り、薩摩藩にとらわれる。維新後は京都府に出仕し、明治初期の京都府政を指導した。また、新島襄の同志社創立にも協力した。妹の八重は新島襄と結婚している。

▼広沢安任
会津藩士広沢庄助の子。藩主松平容保の上洛に際しては、先んじて京に上り情勢を探索した。その後、公用方となり在京諸藩・新選組などとの交流をもった。戊辰戦争では江戸で捕らえられたが明治二年に釈放された。その後、会津藩は斗南に移住するが、広沢は斗南県の小参事として困窮する藩士たちのために奔走する。明治五年には谷地頭（現・三沢市）に洋式牧場「開牧社」を開設し、旧会津藩士の生活の立て直しに尽くした。

人々色々申し候てもさらに恐れ候事なく心中いつも安らかに存じ候」

七月十一日夕刻、象山は山階宮邸からの帰途、三条木屋町通りの路上で河上彦斎らに襲われて非業の最期をとげるのである。

象山を暗殺した肥後の河上彦斎は、薩摩の田中新兵衛や土佐の岡田以蔵と並んで幕末の三大人斬りと呼ばれた。しかしこの彦斎、象山を斬った後、人斬り稼業をやめてしまったといわれている。「余人を斬る、なお木偶人を斬るがごとく、かつて意に留めず。しかるに象山を斬るの時において、はじめて人を斬るの思いをなし、余をして毛髪の逆堅《さかだつ》に堪えざらしむ。是れ彼が絶代の豪傑なると、余の命脈すでにつくの兆にあらざるなきを得んや、今より断然この不詳的の所行を改めて、まさに象山を以てその手を収めんのみ」。のちになっての回想であるので、「毛髪の逆堅に堪えざらしむ」などいささか大げさな表現もあるが、象山が「絶代の豪傑」であることを感得しての思いであったのだろう。

これも松代

佐久間象山雅号のいわれ

　佐久間象山が「象山」の雅号を用いるようになるのは、天保七年（一八三六）、最初の江戸遊学から帰った頃からであるといわれるが、そのいわれについては生家の裏にある小山から取ったものであると象山自身が書いている。「昔者《むかし》、陸子静《りくしせい》は学を貴《き》渓《けい》の象山《しょうざん》に講ず。人は因りてこれを号して象山《しょうざん》先生といふ。予の廬の西南に巨陵奮起す。その状は厳然として象に類す。土人は目して象山《ぞうざん》といへば、すなはち余もまた遂に象山をもつてして自ら号す」（「象山の説」）。

　陸子静は宋代の儒者で、陸象山《りくしょうざん》と号した。象山は「象山の説」の中で、陸象山は近くの山象山からとって自らの雅号としたことを述べ、自分もその故事にならって近くの山象山《ぞうざん》に因んで雅号としたのだとしている。さらにそれに付け加えて、決して陸象山を慕ってつけたわけではないのだとも述べている。

　この象山雅号のいわれは、象山の読みを「ぞうざん」とするのか「しょうざん」とするのかに大いに関係した問題なのである。陸象山を慕って象山としたとするならば、これはもう「しょうざん」で決まりなのであるが、近くの山象山からとったのだとすると「ぞうざん」とすべきではないか。

　これについてはまたこんな説もある。この象山という山の麓に象山恵明寺という黄檗宗の寺があって、象山という山名はそれに由来するというのである。地元の人々はむしろ竹林の多い山であったので「竹山《たけやま》」と呼んでいたという。

　『小説佐久間象山』の著者井出孫六氏は、竹山《たけやま》の麓に住んだ人がこれに因んだ雅号を「ちくざん」とするように、象山も「象山」を音読みにして「しょうざん」としたのではないかという説を提示している。しかし、井出孫六氏は信州のお生まれであるのでよくご存じと思われるが、信州では「さくまぞうざん」という読み方が一般的なのである。

　現在長野県の県歌にもなっている「信濃の国」という唱歌があるが、これは明治三十二年（一八九九）に長野県師範学校の教師であった浅井洌により作詞されたもので、その中に郷土の偉人として佐久間象山のことが歌い込まれている。この読みは「ぞうざんさくませんせい」である。この歌は師範学校の校歌となり、また子供用の遊戯として振り付けされたりして、県内の子供たちから長年にわたって親しまれてきた。さらには、昭和九年（一九三四）から刊行がはじまった信濃教育会編の『象山全集』は「ぞうざんぜんしゅう」と読ませ、昭和十三年にできた「象山神社」は「ぞうざんじんじゃ」と読ませる。このように、象山の地元信州においては「ぞうざん」と読むのが普通なのである。

　最近になって、象山が揮毫した幟の解説というものが発見され、そこには象山が自筆で「シヤウザン」とカタカナのルビがふってあったことから、ほぼ「しょうざん」

佐久間象山生家近くにある象山

佐久間象山銅像（象山神社）

で決着ということになった。今まで「ぞうざん」と読むことに慣れ親しんできた地元の人にとって、にわかに「しょうざん」が正しいということになっても、それはなかなか受け入れがたいことのようだ。いまだに「ぞうざん」と呼ぶ人がたくさんいるのである。

「信濃の国」が作られた明治三十二年は、象山が暗殺されてからそれほど時間が経っておらず、生前の象山を知る人もまだいたと思われる。松本藩士であったとはいえ、師範学校の教師をつとめていた浅井が何の根拠もなく「ぞうざん」と読ませるとは思えない。この時代多くの人が「さくまぞうざん」と呼んでいたのではないだろうか。とすると、象山の生前からこの二つの読み方は存在していて、その間違いを正すために象山自ら「シヤウザン」とルビを振ったのではないだろうか。それでも、地元の人たちは長年親しんだ呼び方を簡単には変えることができず、明治になっても「ぞうざん」が使われていたのであろう。

これも松代

お安梅の伝説

治承三年（一一七九）、善光寺は火災にあい、その堂宇がことごとく焼け落ちてしまった。この時、全国に号令して再建につとめたのが源頼朝であった。

頼朝が号令した善光寺の再建は、建久二年（一一九一）に完成した。その後頼朝は善光寺に参拝したといわれている。善光寺の境内には駒返橋という橋があり、頼朝参拝の折、ここで馬の蹄が敷石にはさまってしまい、仕方なくここで馬をおりて徒歩で参拝したとの言い伝えがある橋である。

建久八年春、征夷大将軍源頼朝は善光寺に参詣した折、松代の地に来て一泊した。その頃、この地を治めていたのは尼巌城に住む東条左衛門尉義年の後家で尼将軍の異名をとる奥方であった。その一人娘にお安御前という姫がおり、絶世の美人であるとこのあたりでは評判であった。頼朝を歓待すべくその宿舎で給仕などをつとめたので、頼朝もその美しさに心動かされ、お安を鎌倉に伴うことにした。

お安が住んだという御安町あたり

お安は頼朝の寵愛を一身に受けたが、正室の政子は嫉妬深く、側室が懐妊するとこれを怨んで殺させてしまった。このことを聞いたお安はすっかり恐ろしくなった。毎日毎日を庭に咲いた紅梅をながめては「実をな結びそ」と唱えていた。その願いが通じたのか、不思議なことにこの紅梅は花をつけても決して実をつけることはなかった。またお安も懐妊することなく二年が過ぎた。

正治元年（一一九九）頼朝は五十三歳にして没した。お安は松代に帰ることを許され、かの紅梅を根から掘って故郷に持ち帰った。お安はこの梅を自らの住まいとした別荘の庭に植えた。その梅は「お安梅」と呼ばれ松代に帰ってからも実をつけることがなかったので人々は不思議がったという。今ではその梅も枯れてしまい、「御安町」の名だけが残されている。

第五章　松代藩の文化と人々の暮らし

信州最大の藩であった松代藩は、文武に優れた俊秀を多く輩出した。

1

松代藩の文化

真田家は武門の誉れを誇ってきたが、徳川幕府の徳治主義の方針を受け、藩内にも儒学が普及する。八代幸貫は学問・武芸に熱心で、文武学校の設立を決意する。武に加え文をも尊ぶ藩風は藩内に浸透し、多くの人材が輩出した。

京の文化に憧れた信之

真田信繁（幸村）は九度山配流中、焼酎と連歌を慰みとしていたという。豪快なイメージの幸村の意外な面を見るようだが、この時代、連歌は上級武士の必須の教養であった。

兄の信之も連歌を嗜んだことがよく知られている。古いところでは、慶長の末期に巻かれたものが残っている。連歌とは、上の句と下の句を別々の者が付けて、次々に巻いていくもので、この時の連衆《れんじゅ》には信之をはじめ、正室の小松殿、子の信吉、信政、信頼、おちゃうなど一四人が名を連ねている。

信之は京の文化への強い憧れをもっていた。上田から松代に移封となった時、自らは引退して京に住むことまで考えていたようである。側近であった出浦半平に京に土地を求めさせたという記録が残っている。京には心を許した友である小野お通がいたからでもあったろう。

信之から京のお通に宛てた手紙が残されているが、そこには老年になって松代に移ることの無念が記されており、我慢の人信之の心情が推し量られる。また京都より下女を数人送ってほしいとの旨も書かれていて、信之の京への執着が窺えて興味深い★。

小野お通は、永禄十年（一五八八）に美濃の国で、織田信長に仕える小野正秀の娘として生まれた。浅井茶々、後の淀殿に仕えたといわれるが、その経歴はよくわかっていない。人形浄瑠璃のもとともなったといわれる「浄瑠璃姫　十二段物語」はお通の作とされ、豊臣秀吉の側室淀殿が秀頼を身ごもった時に、慰みにと献上されたものであるという。詩歌や琴、書画などに秀でた才能をもった女性で、その点が信之が強く惹かれた理由であったろう。

お通の娘の宗鑑尼（二代目お通）は、信之の子で松代藩二代藩主信政の側室となり信就を産んだ。信就は江戸に出て旗本二千石を給された。

松代藩の箏（琴）はこの二代目お通が八橋検校から伝えられたものであるとされ、真田家の分家である真田勘解由《かげゆ》家に代々受け継がれてきたものである。その流れを汲む真田しん（一八八三〜一九七六）は昭和になって国の選択無形文化財に指定された。

▼原文

尚々そもし様はいにしへわれらをも御覧候御心有御人様にて候まま申候心のまま申候ておはつかしさにて候、もはやうきよいらぬと存候へ共子共のためとそんし露の命のきへぬほとゝて世を渡あさけのけふり心ほそさ御おしはかり候てくたされへく候又申候こともとあまりあまり人もなく候まつかいのもの共ちとくたしたきと申候へはそもしさま御きもいり候よしかたしけなく候、御きもいり候て二三人くたし給るへく候、きにいらす候はは又のほせ可申候、下候てむさとしたる事申候はぬやうにたのみ申候、いかに都の人にて候共うつけものはいやにて候、又見さまのあしきもいやにて候、われわれつかいものにも見くるしきは外聞あしく候、とかくそもし様御覧候てぬるぬるとしたる人にてはあるましきとそんし候、とかく道硯と申ものの所へくはしく申候、此文火い御いれくたされ候へく候むたかきちらし申候、おかしさにて候

松代藩三代目の藩主は信政の子幸道が継いだが、その幸道に子がなく、信就の子である信弘が四代目となっている。信之が憧れていた京の教養人小野お通の血脈が真田家にもたらされたのである。

儒教による領国の支配

長く続いた戦乱の世も、大坂夏の陣の終結により終わりを告げた。全国を統一した徳川氏は儒学による徳治主義の政治を目指した。そのあらわれが天和三年（一六八三）に五代将軍綱吉が定めた「天和の武家諸法度」である。その第一条には「文武忠孝をはげまし、礼儀を正すべきこと」と定めている。

松代藩三代藩主幸道は、元禄五年（一七一二）にその綱吉の講義を受けている。松代藩で儒学がさかんになるのはこの頃からである。四代信弘の代になると、桃井硯水・森木藤助といった儒者が招かれて藩士に講義している。ここで学んだのが大田温休・入弥左衛門・渡辺清左衛門といった藩士たちである。やがて彼らは藩の要職に就き、文治時代の官僚として活躍するのである。渡辺清左衛門は藩主信弘の側役をつとめ、五代信安、六代幸弘の代には普請奉行となっている。

六代目藩主幸弘は、恩田木工を重用して藩財政の再建に当たらせたが、自らも和歌・俳諧・書道に親しみ、藩士にも文武を奨励した。

宝暦八年（一七五八）、幸弘は江戸から儒学者の菊池南陽を招いている。伊勢町の御使者屋敷で南陽を講師として藩士たちに経書を学ばせた。当時の「藩日記」に講義の模様が記されている。

「宝暦八年　十月十八日　御家中の面々儒学講談菊池専蔵（南陽）方へ罷越勝手次第承候様被仰出候。右之趣御家中へ可被申遣候。但、講談日毎月九日、十九日、二十九日昼九ッ時より八ッ時まで」

これによると講義は毎月三回、九のつく日に九ツ（正午）から八ツ（午後二時）まで行われたようである。南陽は林家朱子学の流れを汲む儒者で、幕府の大学助教をつとめていた。

南陽の講義ははじめのうちは熱心に聞く者は少なかったようであるが、だんだんに藩士の間にも儒学に対する関心が深まっていったという。中でも岡野石城は熱心に南陽の講義に出席し、南陽が松代を去った後は自らが藩士たちに講義した。また、石城は翠篁館という私塾も開いている。その門下からは鎌原桐山・竹内錫命・西沢茂台などが出ている。石城の後は藤井藤四郎が講義している。

また、幸弘は和歌や俳諧を好み、歌人の大村光枝を京都から招いている。自らは菊貫の雅号でよく句会を催した。

八代目の幸貫も学芸・武芸を奨励した。それは父親である松平定信の影響もあったのかもしれない。幸貫は家老の河原綱徳に命じて『真田家御事蹟稿』の編さんに着手させた。幸貫は藩祖である信之を大いに尊敬し、その顕彰を多く行っているが、その事績については俗説が多く、なんとか正しい歴史を後世に残したいという思いを強く抱いていた。

綱徳は竹ノ内軌定が享保十六年（一七三一）に完成した『真武内伝』をはじめ、多くの歴史書を渉猟し、天保十四年（一八四三）に全六二巻を完成させ献上した。綱徳はさらに続編の編さんもすすめたが、完成を待たずに明治元年（一八六八）に没した。その跡を継いで続編を完成させたのが飯島勝休である。

文武学校の開校

文化三年（一八〇六）、それまで経書の講義が行われていた稽古所が焼失したため、清須町の喰違《くいちがい》御用屋敷が学問所とされた。しかしこの学問所は手狭であったため、八代幸貫の時代には新しい学舎の建設が検討されはじめた。

幸貫は文武の振興に熱心で、しばしば講釈を聴聞したという。また、武芸も大いに奨励した。天保元年（一八三〇）、幸貫は山寺常山《やまでらじょうざん》に学校普請用掛を命じた。山寺常山は文化四年の生まれで、鎌原桐山に経書を学んだ。藩主幸貫を補佐して寺社奉行・郡奉行をつとめた。廃藩後は教育者となって明治十一年（一八七八）に死去している。佐久間象山、鎌原桐山とともに松代の三山★といわれている。

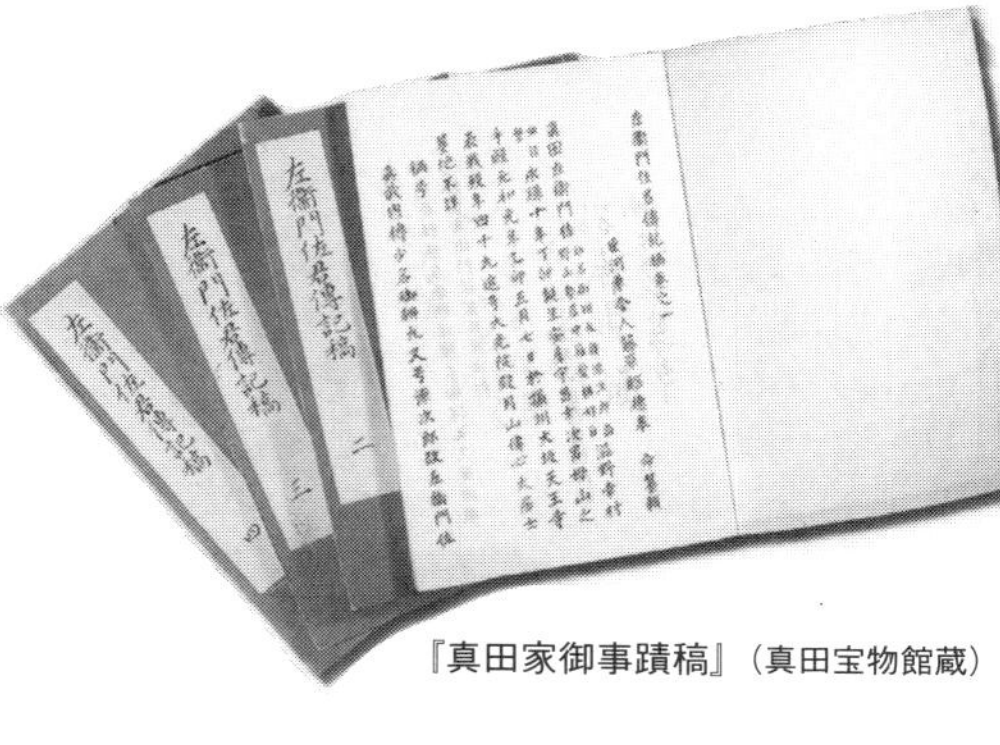

『真田家御事蹟稿』（真田宝物館蔵）

常山は、藩の学問の振興にはまず人材の養成が必要であると幸貫に建言し、当時江戸で名を上げていた長野豊山を松代に招いた。豊山は伊予国川江（現・愛媛県四国中央市）の生まれで、大坂に出て中井竹山の門に入った。竹山の没後は江戸に出て、柴野栗山・尾藤二洲・古賀精里の弟子となった。文化十年、神戸藩に仕えるが文政二年（一八一九）に辞職して江戸に戻って私塾を開いた。天保八年に五十五歳で死去している。

佐久間象山は、天保七年に藩の月並講釈となって月に三回藩主臨席のもとで経書の講義を行っていたが、翌年藩家老矢沢監物《けんもつ》に「学制意見書及学堂規則」を提出した。これには学校の建築よりもまず人物の養成が先であることが説かれていた。

幸貫は象山などの意見を汲みながらも藩校の創設を決意し、藩の儒官である林鶴梁《かくりょう》に命じて水戸藩の藤田東湖に弘道館の組織、経営方法などを尋ねさせた。幸貫は東湖の意見を参考にして文武学校の建設を計画した。総奉行に鎌原貫唯、奉行に菅沼正身、長谷川昭道が任命されている。

しかし計画の半ばで幸貫は死去する。これを第九代藩主の幸教が引き継ぎ、安政元年（一八五四）七月に完成をみた。ところが、この年花の丸御殿が火事のため焼失、完成したばかりの藩校は仮の役所として使われることになった。翌年花の丸御殿が再建され、四月二十九日にようやく文武学校は開校された。

▼松代の三山
幕末の松代藩を支えた鎌原桐山・山寺常山・佐久間象山を三山と称している。鎌原桐山は安永三年（一七七四）の生まれで、松代藩の儒者岡野石城、のちに江戸の佐藤一斎に学んだ。松代藩第一級の知識人で、佐久間象山も桐山について儒学を学んでいる。家老として幸弘・幸専・幸貫に仕え、主席家老をつとめた。門人としては、象山のほかに山寺常山・長谷川昭道などがいる。『朝陽館漫筆』の著者でもある。

文武学校

文武学校は、総敷地九三四坪、建坪四五五坪で、文学所・東序・西序・文庫蔵・剣術所・柔術所・槍術所・弓術所などを備えていた。

四月二十九日の開校の日の模様が『長野県教育史』に記されているが、それによると藩主の幸教は病気のために出席していないが、家老・中老・大目付など藩の重臣がこぞって臨席する中で講義が行われたようである。東序では軍学の講義が、西序では礼儀作法や東洋・西洋医学の講義が行われている。剣術・弓術・槍術・柔術のほか西洋砲術の教授も行われた。

幕末文久年間（一八六一～一八六四）になると尊攘運動が激しさを増し、文武学校は武に力点を置いて修練がされるようになった。その中でも特に砲術の講義は重点的に行われた。その成果は戊辰戦争における鶴ヶ城の攻撃においていかんなく発揮された。

明治五年、廃藩に伴い文武学校は閉校となったが、翌年、第五十四番小学校の校舎として使われることになった。明治十八年には校名を松代尋常小学校と改め、戦後は松代小学校となった。

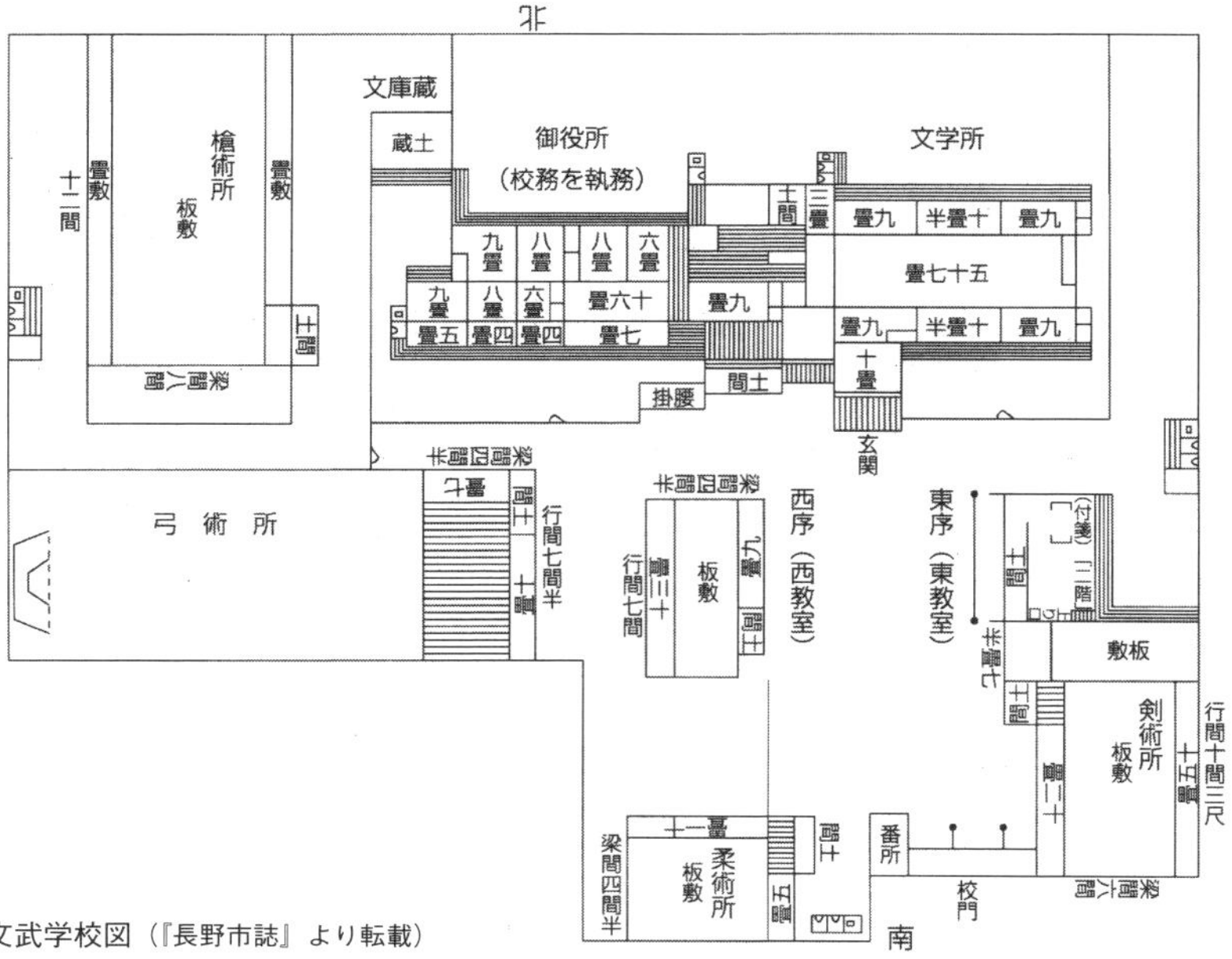

文武学校図（『長野市誌』より転載）

昭和二十八年（一九五三）校舎は国の史跡に指定され、松代小学校が隣接地に移転した。その後復元工事が行われ、現在は一般に公開されている。

松代の洋学

松代藩の洋学は、本格的には八代目の藩主幸貫が幕府老中に就任し、佐久間象山に海外事情を調査させたことにはじまるが、それ以前から長崎などで学んだ蘭法医が各地で開業していた。

文政六年（一八二三）、シーボルトはオランダ商館付きの医師として来日し、翌年鳴滝塾を開き、外科の診療を行うとともに全国から集まった塾生に医学を講義した。このシーボルトの塾からは、高野長英・二宮敬作・伊東玄朴《げんぼく》といった多くの俊英が育っている。

更級郡上山田村（現・千曲市）の宮原良碩《りょうせき》はこの頃、医学の勉強のために長崎に遊学し、蘭法医の吉雄幸載の塾で学んでいた。文政十年、良碩はシーボルトの脳腫瘍の手術を見学して感銘を受けた。のちに『シーボルト直伝方治療方』として記録を残している。帰郷後は町医者として開業し、患者の治療に当たっていたが、松代藩重臣の腫瘍の手術に成功したことが認められ、松代藩の藩医となっている。

シーボルト

宮原良碩のような蘭法医は、幕末の頃になると松代藩内にも何人かはいたようである。漢方ではなかなか治せない、特に外科手術を要する治療の分野でその効果が認められ、普及するようになったものであろう。

佐久間象山についてはほかの章でも多く触れているので重複を避けるが、医学や化学の分野でも相当の研鑽を積んでいた。嘉永二年（一八四九）、象山は種痘を自分の子に実施している。また、妻の順子がコレラにかかった時には蘭法の医薬を用いて治している。また、蒸留器や電気治療器も考案している。そのほかにも嘉永二年には松代城下で日本で初めての電信の実験をして成功させている。写真機も考案して自らの肖像写真を写している。

わが国のフランス学の草分けとなった村上英俊《えいしゅん》は、松代城下で蘭法医として開業していた。村上は文化七年（一八一〇）に下野国（現・栃木県）で医師の子として生まれている。幼時に江戸に出て、儒学・医学・蘭学を学んだ。妹が松代藩主真田幸貫の嫡男幸良に仕えることになり、村上は松代に来て町医者を開業した。妹が九代藩主幸教を産んだことで藩医に取り立てられた。松代では象山の勧めもあってフランス語を独学した。

嘉永四年、藩より学費を給されて江戸に遊学し、さらにフランス語の研究を深めた。『三語便覧』（フランス語・英語・オランダ語の三カ国対照辞書）・『洋学捷径《しょうけい》』といった著書が認められて安政五年（一八五八）には幕府蕃書調所教授方

象山が電信実験を行った鐘楼

に取り立てられている。明治維新後は東京でフランス語の家塾「達理堂」を開いた。

明治二年（一八六九）、松代藩は箱館の五稜郭を設計した武田斐三郎を招いて兵制士官学校を文武学校に付設した。武田は伊予の大洲藩（現・愛媛県大洲市）の出身で、江戸で佐久間象山の塾で学んでいる。明治元年江戸にいた武田は、彰義隊が上野の山に籠もって抵抗することに反対したため、命をねらわれるようになり、江戸の松代藩邸に助けを求めた。その後八月に松代を訪れた際に請われて兵制士官学校の教官になったものである。ここではフランス語の講義もされていた。明治三年、折からの藩騒動の混乱の中、武田は東京に引き揚げていった。この兵制士官学校は短期間の開校であったが、時代の風潮もあって多くの藩士が集まり、一時は在校生が七二人にも及んだという。

武田斐三郎

松代の私塾や寺子屋

先に見たように、松代でも十八世紀になると藩士の間で好学の気風が広がり、高名な学者のもとにはその教えを請うために入門する者も出てきた。享保年間（一七一六〜一七三六）に森木藤助が漢学を教授したのがそのはじめであるといわれている。

岡野石城・鎌原桐山・山寺常山なども自宅で私塾を開いており、佐久間象山は若き日鎌原桐山の塾で学んでいる。

私塾で教えられていたのは、漢学・和歌・国学・算術・習字・洋学などであり、藩校で教えられていた儒学に対し在野の学門の趣があった。教科書には四書五経・文選・成敗式目・千字文・唐詩選などが使われた。

塾生の中には藩士にまじって女子の姿もあったようで、竹山町で塾を開いていた田中せきのもとには藩士の子女が一六〇人も在籍していたという。女子用には女大学・女庭訓往来・百人一首などが教科書に使われていた。

庶民の教育の場所としては各村に寺子屋があった。そのはじまりははっきりとはしないが、天明頃より起こり徐々にさかんになってきたものと思われる。その師匠は武士や僧侶が多く、その名のとおり、寺で学門を教えたのが最初であった。

松代藩も庶民の教育には熱心で、寺子屋や私塾は身分にかかわらず誰でも自由に開くことができるという通達を出している。

寺子屋の規模は二〇人から三〇人の寺子のところがほとんどで、多くは師匠の自宅を教場に用いていた。寺子屋に入ることを「寺入り」といってだいたい八歳から九歳で入るのが普通だった。謝礼は別に決まりはなかったが、盆と暮れに天保銭で二枚から金二朱ほどで、中には強飯だけというところもあった。寺子屋の師匠は農村部では名主や有力者がつとめていたので報酬など期待しなかったので

山寺常山邸

ある。

教えられていたのはいわゆる「読み書きそろばん」で、日常生活に困らない程度の最低限の教養が教えられていた。この地方の寺子屋でよく使われていた『海津往来』という教科書があるが、これには川中島地方の歴史からはじまって有名寺社の案内などが記され、この地方の名物なども書かれていて興味深い。それには「蕎麦、小人参、芍薬、杏仁、蕨、木賊、布、紙、麻、小梅、檜皮并曲物、莨菪、小布施栗、鯉、鮒、鮠、鰛、鰷、雉子、駿馬等也」とある。

女子で寺子屋に入る者は少なく、まれに裁縫などを教える師匠のもとに通っている程度であった。

これも松代

城下町の生活を描いた絵師たち

松代藩には絵師として、三村自閑斎・養益・晴山の三代の親子が仕えている。自閑斎は、藩主信弘・信安の時代の人で、松代城下を鳥瞰で描いた「松代の図」がある。自閑斎の子養益は、江戸に出て狩野派を学び、松代に帰って藩に仕えている。晴山は養益の子で、わずか十三歳で藩に絵師として出仕したという。狩野晴川院塾に学び、その上達ぶりは周囲を驚かせたという。晴山は佐久間象山とも親しく、幕末の藩政に深く関わった。晴山が描いたといわれる「松代天王祭図巻」は、現代ではその原型を見ることができなくなってしまった天王祭のようすを見事に描いている。

「松代十二箇月絵巻」という四季折々の城下町の風俗を描いた女流画家恩田緑蔭は、文政二年（一八一九）に藩士恩田織部民正の長女として生まれている。女性らしい織

三村晴山筆「松代天王祭図巻」より

三村晴山筆「松代天王祭図巻」より

三村晴山筆「松代天王祭図巻」より

細な筆致で人々の暮らしぶりを描いたその作品は、当時の松代の人々の生活を知る貴重な資料でもある。

緑蔭は幕末から明治にかけて、活動した女流画家で、日本画のほか北斎漫画ばりの実に滑稽なデッサンも残している。身近な人たちのデフォルメされた似顔を書いたものもあり、人物の特徴をよくとらえている。「松代十二箇月絵巻」は松代の人々の生活そのものではなく、絵巻の約束事にしたがって四季折々の風物を描いたもののようだが、絵に近い生活はあったことであろう。真田公園近くの蕎麦店「日暮し庵」に「恩田緑蔭ミニギャラリー」がある。

医師でもある高川文茎は、水戸の生まれで谷文晁の塾で学んだ。松代藩医高川楽真の養子となり藩医を継いだが、嘉永七年（一八五四）のペリーの再来航の折、佐久間象山に随行して応接図や外国人のようすを写実的に描いた。

恩田緑蔭筆「松代十二箇月絵巻」より

恩田緑蔭筆「松代十二箇月絵巻」より

恩田緑蔭筆「松代十二箇月絵巻」より

2

人々の暮らし

江戸時代の人々はどんな生活をしていたのか。特に庶民の暮らしについては残された史料が少なく、不明な点も多いが、江戸後期になると商品作物の普及により、人々の暮らしに余裕が出てきた。現在も行われている正月・節句・七夕などの行事もこの頃から行われていたようである。

松代城下の暮らし

江戸時代、町や村に住む庶民はどんな毎日を送っていたのか。テレビも新聞もなかった当時はそれを伝える史料は少ない。江戸や京都・大坂であればある程度の史料を探すこともできるが、信州ではそんな史料はあまり残されていない。特に江戸時代の初期については少なく、後期になってようやく恩田緑陰の「松代十二箇月絵巻」や三村晴山の「松代天王祭図巻」があらわれる。随筆では鎌原桐山の『朝陽館漫筆』がある。

正月の行事

一年のはじまりである元旦には、どの家でもまず若水を汲む。これは男の子の仕事で、近くの川に汲みに行く。井戸水を汲む時は塩をまいて清めてから汲む。汲んできた若水で顔を洗い、口をすすぎ、茶を立てて神仏に供え、それから家族一同で茶を飲んだ。初詣では産土神《うぶすな》に家族一同の健康と繁栄を祈った。武家の家では、元旦・二日は総登城の日で、藩主に御礼を述べる。

二日は稽古初め、仕事初め、書き初めの日である。商家ではこの日に初荷が届いた。三日は武家の乗馬初め、射初め、鉄砲初めがあった。正月三日間はお雑煮を食べた。

元日から七日までを大正月といい、六日は六日年取りでサワガニの吸い物を食べた。七日は七日正月でこの日までを松の内といった。七日の朝は七草がゆを食べた。七草とは、せり・なずな・ごぎょう・はこべ・ほとけのざ・すずな・すずしろのことであるが、松代ではすべてがこの季節に採れるわけではなく、にんじんやごぼうを代用した。また七日は寺子屋や私塾の読み初めの日にあたる。十一日は鏡開きで、武家では具足開きが行われた。

十四・十五日は小正月で、十五日の夜にはどんど焼き（左義長）が行われる。十五日と十六日はやぶ入りで、奉公人は主人から新しい着物などをもらって家に帰って体を休めた。二十日は二十日正月、初えびすともいい、これで正月の行事は終わる。

春の行事

二月二日は奉公人の出替わりの日、翌日は節分で「福は内、鬼は外」と唱えて豆をまくのは今と同じである。二月の初午《はつうま》の日には稲荷社に詣《まい》ってその年の豊年を祈る。松代の竹山稲荷神社では五穀豊穣・商売繁盛を祈る大勢の参拝客で賑わった。

十五日は涅槃会が各地の寺院で行われた。寺ではヤショウマを作り参詣人に配った。ヤショウマは米の粉をこね、蒸して作るが、その形が「痩せ馬」に似ていることからその名がついたとも言われるが、確かなことはわからない。

三月三日は桃の節句、ひな祭りである。現在のようにひな壇を設けて豪華なひな人形を飾る家は豪農・豪商に限られ、庶民の家では押し絵雛《びな》を飾った。飾った後は子供の災難を人形に託して川に流した。また、この日は「鶏合わせ」といって軍鶏を闘わせる行事も行われた。

旧暦の三月は花見の季節である。近隣の者が集まって、神社の境内などで酒宴が催された。十七日は虫歌観音堂の祭りである。祭りの日の前夜から参詣人が列をなしていたという。虫歌観音堂は正式には虫歌山桑台院といい、「信濃三十三番観音札所」の七番目の札所で『朝陽館漫筆』にも「松代の近辺にて参詣の賑やかなるは、この観音の右に出るものなし」と書かれている。

四月八日は釈迦の誕生日、花祭りである。寺院では花で飾った御堂を作り、安

虫歌山桑台院(虫歌観音堂)

竹山稲荷神社

置されている釈迦の誕生像に甘茶をかける。また四月には各地の神社で春祭りが行われた。

夏の行事

五月五日は端午の節句。軒先に魔除けに菖蒲やヨモギを飾り、菖蒲を浮かべた菖蒲湯に入る。鯉のぼり、鍾馗や武者ののぼりを外に飾り、室内には武者人形を飾った。

七月七日は七夕で、短冊に歌や願い事を書いて笹竹に結び、庭先に飾った。七月十三日から十六日までは中元（お盆）の期間で、各家では盆棚を設け、野菜やおやきなどを供えた。十三日は迎え盆で、墓に詣《まい》り先祖の霊を迎える。十六日は送り盆で、盆棚を片付け、供え物やお飾りを川に流した。

秋の行事

八月は中秋、お月見が行われた。すすき、おはぎ、だんごなどを飾り、月見を楽しんだ。また、この頃になると各地の宮で秋祭りが行われた。神楽が奉納され、歌舞伎や人形芝居が行われる所もあった。松代城下町八町には秋葉権現の祠があって、八月十四、十五日には火伏せの祭りが行われた。各町では、それぞれ意匠を凝らした灯籠や飾り物をこしらえ、でき栄えを競った。それを楽しみに人々が押しかけたので、十四日の夜は遅くまで大変な賑わいであった。

八月十八日、十九日には松代あげての祭り、天王祭が行われた。ただし、藩主が江戸在府の時は六月十八日、十九日に行われた。町八町の町人が中心の祭りだが、藩主や藩士も祭りを楽しんだ。松代の天王祭は東条の玉依姫《たまよりひめ》命神社の祭りだが、各地で行われている祇園祭りと同じものである。すなわち、神楽が奉納され、山車が町々を練り歩いた。鎌原桐山の『朝陽館漫筆』が祭りのようすを伝えている。

「中町・伊勢町の両町は舞台を出し扮戯（芝居）をなす。その他鍛冶町・荒神町・紺屋町・紙屋町は山車或ひは太神楽・獅子舞などをなす。扮戯をなす事もあれども舞台を出す事能はず。肴町は国君鹵簿（大名行列）の学びをなし、小児をして鎗・挟箱を執りて列をなさしむ。上にいふ所の七町に馬喰町を加えて八町なり。馬喰町は大門踊の時杉山とて杉の葉を以て作りし山を車にのせて引く人足を出すのみ。大門踊といふは祭の後の日、城門の前にして八町斉しく囃子て踊る事なり。種々の旧式ある事なり」

九月九日は重陽の節句で各地で菊の品評会が行われた。また、九月は紅葉狩りにもいい季節である。

十月の亥の日には玄猪の祝いが行われた。新米で餅をつき、亥の刻に食べた。七、八、九の三日間は皆神山の祭礼が行われた。

皆神神社

冬の行事

十一月二十日は恵比寿講で、町の商店では売り出しが行われる。近在からは冬物を求める人たちが訪れる。

十二月は正月を迎えるための行事が続く。二十一日は城で御煤払いの儀が行われる。二十五日はお餅つき、三十日までには各家で門松を飾り、鏡餅を供える。大晦日は年取りで年取り魚を食べる。松代地方では鮭が一般的であった。

村の暮らしと若者組

江戸時代も中期以降になると、小前の百姓の自立化が進み、同族内における上下の隷属関係から、数を増した本百姓による横のつながりが出てくるようになる。その中でも同年齢の者たちによる若者組は村の行事や祭り、消防や警備の中心的な担い手として活躍した。若者組を退会した中老組や年寄組というものもあったが、この地方ではその活動の資料はない。

中でも村の祭りにおける神楽や獅子舞、歌舞伎や相撲などの実行には若者組の存在は欠かせないものであった。娯楽の少ない村にあっては、祭りの余興は村人たちのいちばんの楽しみであった。しかし、幕府や藩はこれらの余興を「風紀を乱し、農業をおろそかにするもの」として禁止していた。具体的には、寛政十一年（一七九九）に出された触書がある。

幕府はこの年の六月「神事祭礼・虫送り・風祭りなどと称し、遊芸・歌舞伎・浄瑠璃・踊りの類、惣じて芝居同様の人集めを堅く制禁」した。同様の触れは全国の各藩からも出された。

こういった傾向が顕著になって、若者組の活動に規制がかけられるようになっていったのは、信州の諸藩では寛政年間（一七八九〜一八〇一）に入ってからのことであった。しかし、幕府や藩が規制しても、ほかに娯楽の少ない村の若者たちはさまざまに工夫を凝らし、自分たちの芝居や相撲を楽しんだ。

嘉永七年（安政元年・一八五四）、更級郡大塚村（現・長野市青木島町）の若者たちが起こした騒動の模様を『長野市誌』は記している。それによると、諏訪神社と秋葉宮の石宮建立祭りの余興に大塚村の若者たちが歌舞伎を演じたのだが、それを松代藩の役人に咎められたというものであった。この時若者たちは「道中踊り」とか「道中万歳」と称して「箱根権現十一段目」「忠臣蔵五段目」「浜松風塩汲」「彦山権現六段目」「義経千本桜木の実の段」の芝居を演じたのである。

藩役所に提出した縋書《すがりしょ》（詫び書）には「髷はいっさい用いず、女形は髪へ手ぬぐいをかぶり、木刀は粗朶をけずって作り、衣類は銘々母親や姉の物あるいは隣近所から借りた」とあるが、これはあくまでも言い訳であり、実際は相当に華美な衣装や道具が使われていたのではないかと『市誌』の筆者はいう。

江戸時代の後期になると、村人たちの生活にもゆとりが生まれ、村の祭りには太神楽や獅子舞が奉納されるほか、歌舞伎や相撲・花火なども行われるようになった。藩としては建前上は禁止し取り締まるふうは見せたが、村人たちの少ない楽しみを奪うようなことはせず、寛大に対応したようである。

大天狗侍従坊の伝説

慶長のはじめ、田丸直昌が殿様であった頃の話である。昔からの寺領・社領を没収して我がものとしようとしたことがあった。皆神山は修験の道場として名高かったが、この道場もまた取り壊し城内に運ぼうとの下心をもって、殿様は皆神山で鷹狩りを催すことを申し出た。家来たちは口を揃え、「皆神山は古来より殺生禁断の霊場でございます。特に侍従坊という大天狗が棲み、威厳あらたかにして利罰すこぶる厳正であると聞き及んでおりまする。どうかそのことだけはおやめ下さい」と懇願した。しかし、田丸直昌は、「たとえ大天狗にせよ小天狗にせよ、我が領内に棲みながら領主であるわしの慰みを妨げるという法があろうか」と言って聞き入れなかった。

さて狩りの当日、直昌は勢子を山に入れ多くの鳥や獣を追い出させた。これまで誰も猟をしたことのない山であるからおもしろいように追い出てくる。時分はよしと鷹匠に命じて鷹を放った。すると、どこからともなく一羽の大鷲があらわれ、鷹を摑んで舞い上がると、一本の松の木に止まり鷹を八つ裂きにしてしまった。直昌は大いに怒って鉄砲を撃たせたが、一向に当たる気配がない。大鷲はそれをあざ笑うかのように悠々と空に輪を描いてそのまま尼巌山の方に飛び去っていった。

皆神山

人々は侍従坊のなせる業に違いないと恐れたが、直昌はこれを信じず「今日の神威奇瑞実に不思議であるが、もし大天狗の威厳が真実であるのなら、我が娘は十三になるが未だ歯が生えてこない。今晩中に生え揃ったならばその法力を信じましょう」との願文を奉った。

すると不思議なことに、翌朝になると娘の歯が生え揃っていた。さすがの直昌もこれよりは侍従坊大天狗を信仰すること深く、上州より熊野杉を取り寄せ、見事な参道をつくったということである。

皆神山は写真のように、円錐型の山頂を切り取ったような形をして、一時は日本のピラミッドではないかと騒がれたことがあった。また、昭和四十年から続いた松代群発地震の震源地としても有名になった。

なお、侍従坊は実在の修験者で、和合院宥賢と称した。鞍馬山で修行し、皆神山の大先達和合院供秀の養嗣子として迎えられた。弘治三年（一五五七）に没している。

第六章　松代藩の明治維新

佐久間象山は京で暗殺され、松代藩の藩論は尊皇に傾いていく。

1

松代藩の終焉

幕府対薩長の対立は激化し、大政奉還・鳥羽伏見の戦いと、時代は激しく動く。

松代藩は戊辰戦争では信濃一〇藩の触頭として、会津にまで転戦する。

やがて御一新となり、午札騒動などの混乱のうちに松代藩は消滅し、新しい時代——明治を迎える。

戊辰戦争、松代藩も出兵

文久三年（一八六三）八月十八日、会津や薩摩を中心とする公武合体派の策謀で京都を追われた長州藩の尊攘派は、翌元治元年（一八六四）七月再び京都に上ろうとして会津や薩摩に押し返された（禁門の変）。

禁裏にまで銃弾を撃ち込まれたことに激怒した孝明天皇は、長州藩追討の勅命を発したが、これを受けて幕府は西南の二一藩に対し出兵を命じ、他の諸藩には京都の警備を命じた。命じられた各藩にとって、この戦争は迷惑であった。財政難の折、戦闘による出費はさらに財政を圧迫するものであったからだ。元治元年十一月、そんな状況の中で、征長軍総督には前尾張藩主徳川慶勝、副総督には越前藩主松平茂昭、以下三五藩・一五万の征長軍は出発した。松代藩は、当初芸州口から攻め入る一番隊の先鋒が命じられた。しかし、この命令は九月には大坂伝法川口の警備に変更になった。

征長軍の攻撃を前に、長州では討幕派と佐幕派（俗論派）の主導権争いが激しくなっていた。しかし最終的には俗論派が藩の権力を掌握し、降伏を決めた。この時、禁門の変を引き起こした責任を取るかたちで、家老三人に切腹、参謀四人には斬首が命じられた。

征長軍が撤兵した後、長州藩では高杉晋作・桂小五郎（のちの木戸孝允）らが蜂起して藩の主導権を握った。高杉らはこれまでの方針を改め、幕府との対決姿勢を明確にした。ここに第二次の長州戦争がはじまるのだが、幕府の命令にもかかわらず、各藩の士気は上がらなかった。薩摩藩ははっきりと出兵を拒否した。薩摩と長州は、慶応二年（一八六六）正月に坂本龍馬の仲介で薩長盟約を結んでいたのだ。

慶応二年六月、征長軍は周防大島（現・山口県大島郡大島町）を攻撃した。ここでの戦闘は互角に推移したが、石州口（島根県）や小倉口（福岡県）の戦いでは、西洋式に訓練された奇兵隊などの活躍で長州軍が優位に戦いをすすめた。

この戦いのさなか、将軍家茂は大坂城で病没した。幕府はこれを理由に休戦を決めた。九月二日、芸州宮島（現・広島県廿日市市）において休戦協定が結ばれ、長州戦争は終結した。二度にわたる長州戦争で、幕府も諸藩も莫大な出費を強い

鳥羽・伏見の戦い（浅井コレクション蔵）

られた。松代藩では元治元年八月、戦費調達のために村高一石につき金二朱の御用金を課した。慶応元年には高掛り御用金として高一石につき一両を命じている。

慶応二年三月九日、藩主幸教は隠居し、養子である幸民が家督を継いだ。幸民は宇和島藩主伊達宗城の二男である。三月十日、松代藩は幕府から京都警衛を命じられた。幸民は四月に上京し、御所朔平門の警衛についている。この警衛は九月まで行われた。

この年の七月二十日、将軍家茂が大坂城で死去した。跡を継いだのは将軍後見職の一橋慶喜で、十二月五日に十五代目の将軍についた。翌慶応三年十月十三日、徳川慶喜は京都二条城に幕府の役人と諸藩の重臣を集め、大政奉還の可否を問うた。松代藩からは京都藩邸留守居役長谷川昭道が列席して賛意を表明した。十月十四日、慶喜は大政奉還を朝廷に上奏した。翌日の十五日、朝廷は慶喜の上奏を受理し、ここに徳川幕府は二百六十余年の歴史に幕を下ろした。

慶喜が大政奉還を上奏した同じ日、朝廷から薩摩・長州両藩に討幕の密勅が下った。十二月九日、「王政復古」の大号令が発せられ、その夜には小御所で総裁・議定・参与による会議が開かれた。この席上で徳川慶喜の辞官・納地が決められた。これに納得しない慶喜は翌慶応四年一月一日、反対に「討薩の表」を掲げて京に上ろうとしたが、三日、伏見で両者は戦闘となった。「鳥羽・伏見の戦い」である。

真田幸民肖像

大政奉還の図（正徳記念絵画館蔵）

松代藩にはこの間、佐幕派の諸藩から誘いがあったが、藩論は長谷川昭道らの主導でいち早く勤皇に決していたため、この誘いには応じなかった。戦いは錦旗を掲げた官軍の勝利に終わり、将軍慶喜は大坂城を脱出し、江戸に逃げ帰った。一月十九日、幸民は徳川慶喜から甲府城代を命じられたが、これを拒んでいる。二月四日には太政官より官軍につくすようにという達しがあり、八日には信濃一〇藩の触頭《ふれがしら》を命じられた。

明治元年（一八六八）三月十三日と十四日に江戸高輪の薩摩藩邸で西郷隆盛と勝海舟の会談が行われ、江戸城の無血開城が決まった。この後、戦線は奥羽へと移っていくのである。松代藩は先に記したようにいち早く勤皇を鮮明にしていたので、信濃諸藩の触頭として各地に転戦した。二月三十日、甲府城守衛の命令が松代藩に下り、七九六名が甲府に赴き任務に当たった。しかし、江戸を脱走した古屋作左衛門《ふるやさくざえもん》を頭とする衝鋒隊七〇〇人が、越後から飯山城に侵攻してきて北信濃が不穏な情勢となってきたため、甲府城守衛の兵はこちらに向けられた。

四月二十五日、飯山城に籠もる衝鋒隊に対して松代をはじめ信濃諸藩の攻撃が一斉に開始された。少人数の衝鋒隊はたまらず飯山城を脱出、越後方面に逃れた。松代藩兵はこの後、北越戦線・会津戦線と転戦した。会津鶴ヶ城の攻略戦においては近代兵器による砲撃で敵を圧倒し、会津藩士をして「薩摩・真田に大砲なくば、官軍破るも何のその」と嘆かせたという。

九月二十二日、会津藩の降伏により戦闘は終結するのだが、この間松代藩の戦死者五七人、負傷者八五人に上った。十月六日に総督府から帰休命令が下り、その月のうちに全兵が松代に引き揚げた。

戊辰戦争による松代藩の出費は大きく、戦後も降伏した会津藩士三二〇人を江戸屋敷で預かるなど、費用もかさんだ。さらには慶応三年、明治元年と千曲川・犀川の洪水が続き、藩の財政はますます苦しくなっていった。

松代藩の消滅

明治二年（一八六九）一月二十日薩摩・長州・土佐・肥前の四藩は、版籍奉還を上奏した。他藩も一斉にこれにならい、六月十七日にこれが許可され、藩主はそのまま藩知事に任命された。また、藩士のうち徒士以上の者は士族に、足軽は卒族ということになった。

続いて明治四年七月十四日、廃藩置県の詔が下り、松代藩は松代県となった。藩知事真田幸民はその任を解かれ、東京に住むことを命ぜられた。九月十六日、幸民は松代を去るにあたり、士族（藩士）一同を前に、「数百年にわたる奉公に感謝し、今後は朝旨を奉戴し、皇恩に報いるように希望する★」と挨拶した。

それから二カ月後の十一月二十二日、今度は府県の統合が行われた。信濃の国

▼原文

「抑数百年の久しき、孰れも、祖先以来厚志誠意之程不堪感謝候。今より後互に隔離可致、就而者弥以御維新以来被仰出候御趣旨銘篤と相弁へ、朝旨を奉戴し、庁令を遵承し、相共に心を同うし力を一にし、皇恩の万一を報い奉らん日夜誠に思念せんことを希望に候也」

は埴科・更級・高井・水内・佐久・小県の各郡が長野県となり、筑摩・安曇・伊那・諏訪の各郡と飛騨国が筑摩県となった。松代県は廃止となり長野県に含まれることになったのである。

松代城は兵部省の管轄となり、武器等の請け取りには東京鎮台第二分営上田詰めであった乃木希典《のぎまれすけ》少佐（当時）が訪れた。元和八年（一六二二）真田信之の入封以来二五一年にして松代城は廃城となった。この時乃木は松代藩に大砲が五三門も残されていたことに驚き「他の（信州）十藩全部の兵器を合すると雖も松代藩の足元にも及ぶことが出来ぬ」と言ったという。

明治四年の廃藩置県により、松代藩士卒はいずれも長野県の貫属となり、家禄に代わって、石高によりその代金で支給されることとなった。その支給換算は年々減額され、明治十年には禄券（金禄公債証書）による支給になった（秩禄処分）。

この処分はこれまで特権階級であった武士層には大きな痛手となった。武士という身分を失った士族は、一部は官

「海津城絵図（廃藩当時）」

吏や軍人・巡査となったが、慣れない商売をはじめて失敗する者も多く、没落する者が多く出た。

松代藩商法社の設立

慶応二年（一八六六）から明治三年（一八七〇）にかけて、全国各地で打ちこわしや一揆が頻発した。幕末の不安な情勢の中、物価の騰貴・苛酷な租税・贋金の横行・無責任な藩札の乱発などの要因が加わり、民衆の不満が爆発したもので、信濃各地でも大規模な騒動がいくつも起こっている。

安政五年（一八五八）六月十九日、アメリカ総領事ハリスと日本側の全権井上清直《きよたか》・岩瀬忠震《ただなり》との間で日米修好通商条約が調印された。この条約は、アメリカ側に領事裁判権を認めていること、また日本に関税を自由に課する権限がなく、アメリカに有利な条約であった。この不平等条約が解消されるのは、日清戦争後の明治三十二年のことである。

通商条約により横浜・長崎の二港が開港された。同様の通商条約は、イギリス・ロシア・オランダ・フランスとも締結され、各国との貿易が開始された。日本からの輸出品は生糸・茶・綿花・干し魚といった農漁産物で、海外からは綿織物・毛織物・砂糖といった工業製品が輸入された。特に、日本の生糸は高品質で安価であることから西欧での需要が高まった。この頃、フランスやイタリアで蚕の病気である微粒子病が蔓延し、生糸が不足になったことから、さらに需要は伸びた。

各藩では産物会所などをつくり、横浜での交易に乗り出したが、松代藩でも文久三年（一八六三）に産物会所を藩内三〇カ所に設け、取引業者には鑑札を発行し、冥加金を取り立てた。産物会所の頭取に就任したのは、更級郡羽尾村（千曲市）の大谷幸蔵で、藩内の生糸や蚕種を一手に集め、横浜に運んで莫大な利益を得た。のちの午札騒動では大谷の家が焼き討ちにあっている。

各国との貿易がはじまることで、国内では深刻な物価の騰貴をもたらした。生糸などはもともとが国内消費のみを想定して生産されていたものであるが、それが海外に輸出されることで価格が上昇したのである。反対に輸入品は海外の安価な商品が入ってくることで、国産品の価格も下げざるを得なくなった。さらには、幕末の政治不安が追い打ちをかけた。江戸や大坂では、米の価格がわずかの間に何倍にも上がり、民衆による打ちこわしが各地で発生した。また、農村においても一揆が頻発した。年貢を換金する際の公定相場である松代藩御立相場の推移を見ると、安政六年に金一〇両に対し籾二八俵であったものが、明治元年には七俵と四倍にも上昇した。

幕末から明治にかけて、松代藩内では凶作、洪水の被害が続き百姓の生活を大きく脅かした。また、先に見たように戊辰戦争に要した軍用金は膨大で、藩債は一一一万両にまで及んでいた。このため藩は商法社を設立して、財政の危機を救おうとした。

商法社は、生糸や蚕種の外国への輸出を積極的にすすめるために商法社手形を発行して領内の蚕種等を強制的に買い集めた。商法社の頭取には大谷幸蔵が任命された。大谷は産物会所の頭取としても横浜における外国との貿易に実績を持っていた。

商法社手形は明治二年から二〇万両余りが発行された。大谷はこれに自己の資金を加えて領内で蚕種を買い集めて横浜に運んだ。ところが、明治三年になると、蚕種の輸出価格が暴落した。仕入れ値の半額でも売りさばけず、商法社の赤字は一〇万両にも達した。

松代午札騒動

また、この頃二分金・一分銀などの贋金（チャラ銭）が横行していた。善光寺町の商人の中にはこれを安く買い入れ（一〇〇両分を二五両ほどで）、さかんに取引に使ったので、各地にそれが流れ、松代藩領だけでも実に一〇万両のチャラ銭が流通していたという。このため松代藩では贋金との交換を目的として、明治

明治２年発行の午札

二年に領内だけで通用する藩札を発行した。しかし実際の目的は、巨額な藩債の償還のために使われたのであった。この藩札には麒麟の絵が書かれていたが、馬と誤って見られ、午札《うまふだ》と呼ばれていた。午札は一分・二朱・一朱の三種類のものが刷られ、合計の額面で二一万両にまでなっていた。

明治二年十二月、政府は藩札や手形の発行を禁止し、太政官札に引き換えることを命ずる布告を出した。松代藩の藩札や商法社手形は二割五分引きで引き換えること、年貢換金相場を一〇両につき籾四俵半とすることが命じられた。これは困窮している百姓や城下に暮らす細民の生活をますます圧迫することとなり、各地でこれを不満とする者たちが不穏な動きをはじめた。

小平甚右衛門とその兄である弥右衛門を主唱者とする上山田村（現・千曲市）の農民は、一〇両につき籾四俵半をもとの相場の七俵にすることを求めて藩に陳情嘆願を繰り返したが受け入れられることはなかった。明治三年十一月二十五日の夜、三〇〇人余りの百姓たちが陳情嘆願のために千曲川の河原に集まった。手に手にたいまつを持った百姓たちは次第にその数を増し、松代城下を目指した。途中、一部の者は商法社頭取の大谷幸蔵宅に放火し、家財を火中に投げ入れたという。

松代城下に入った者の中には、松代藩の権大参事高野広馬の屋敷や産物会所にに放火する者もあった。混乱を鎮めるために藩は年貢換金相場を籾七俵に下げる

小平甚右衛門之碑

こと、藩札および商法社手形の割引は行わないことを約束した。しかし、同時に騒動の首謀者の検挙も開始し、小平甚右衛門をはじめ六二〇人が拘束された。翌年の五月二十六日には首謀者とされた小平甚右衛門が斬罪となっている。しかし、これだけの大騒動に発展したのにもかかわらず、死刑となったのは甚右衛門一人だけであった。これは取り調べに際し、甚右衛門が首謀者は自分一人であることを強く力説したためといわれ、その徳を称えて供養塔の建設が早くからもち上がっていたが、時代の事情もあってそれは果たせず、昭和十三年（一九三八）になってようやく建立された。

この騒動の責任を取るかたちで、藩知事真田幸民・大参事真田桜山・権大参事高野広馬は謹慎、閉門となっている。せっかく農民たちの要求がとおったのにもかかわらず、翌年の明治四年には民部省の布告により籾四俵半に再び戻されてしまった。この時には藩は兵を各村に派遣して警戒を強めたため騒動にはいたらなかった。四月には産物会所及び商法社は廃止となり、商法社手形・藩札の通用も禁止された。

◇2 文武の精神の継承

武士の時代が終わり、松代藩士たちは侍の身分を失い、新たな生活の道を求めた。ある者は官吏となり、ある者は商売の道にすすんだ。そして、城下町松代もまた、近代への道を歩みはじめた。

横田家の人々

明治維新によって二百六十年余続いた幕藩体制は終わりをつげ、武士たちはその特権階級としての身分を失った。先に見たように、官吏として国や県に職を得た者、軍人や警官となる者、教職の道を歩む者、新たに事業を興す者、さまざまであった。松代藩士もまた明治の世に生活の糧を求めて新たなる出発を余儀なくされた。中には慣れない事業を興し失敗する者も多かった。

代官町にある「旧横田家住宅」は、幕藩時代に百五十石取りであった横田家の屋敷である。昭和六十一年（一九八六）に国の重要文化財に指定された。現在の屋敷は解体修理が行われ、一般に公開されている。

幕末にその横田家の当主となったのが、横田甚五左衛門であった。甚五左衛門

旧横田家住宅

は養子で、同じ松代藩士小松軍左衛門の次男であった。妻は禰津左盛直春の娘で伊豫といった。十二歳年下の佐久間象山と親しく、しばしば来訪したということが伝えられている。学問好きであったようだ。甚五左衛門と伊豫には四人の子があったが、二女は早世し。長男は九郎左衛門、長女由婦、三女は喜代（幾代）といった。

長男九郎左衛門は聡明で、どん底にあった松代藩の財政を立て直そうと、諸国を回って見聞を広げた。二年間の諸国遊歴の末、九郎左衛門は千曲川の水運をさかんにすることが国を富ます第一の道であるとの結論を得た。大平喜間太著の『松代町史』（昭和四年）は、九郎左衛門について次のように記している。

「横田九郎左衛門は聡明にして学を好み常に大志を抱いて諸国を遊歴し、夙に国利民福を唱へて信濃川大瀧堀割の有利なる事業である事に着眼し、父甚五左衛門の帷幄に参じ専ら盡力奔走せるが嘉永五年病を得父に先立って長逝した。時に年二十八尚春秋に富めるに惜しむべきである」

信濃川大瀧堀割の事業とは具体的には、越後に流れる千曲川の国境大滝あたりの川幅を広げて舟運に便利なように開削するという事業で、藩の援助とともに横田家でも私財を投入してこれに当たった。志半ばで早世した九郎左衛門の遺志を継いで、父甚五左衛門は幕府に工事の再開と援助を願い出るが、結局はその願いは聞き入れられることなく、失意のうちに明治七年（一八七四）に世を去った。

九郎左衛門が早世したので横田家をついだのは三女の喜代であった。十七歳の時に同じ松代藩士斎藤運平の次男数馬を夫に迎えている。

数馬と喜代の次女が『富岡日記』の著者として知られる英である。英は安政四年（一八五七）の生まれで、明治六年に官営の富岡製糸場に入場している。当時父数馬は埴科郡の大区長をつとめていた。

群馬県の富岡製糸場で行われていた蒸気式製糸を導入すべく、長野県では各区より一六人の若い娘（十三歳から二十五歳まで）を富岡に技術修得に行かせることを決めた。数馬もこれに応じて工女の募集をしたが、なかなか応募者があらわれなかった。そこで数馬はまず自らの娘である英を率先して派遣することにした。さらに河原均の娘も一緒に行くことになり、一六人がようやく集まった。この一六人はいずれも松代藩士の娘であった。

英らは一年余り富岡製糸場で洋式の製糸技術を学び、翌年松代に帰るとその技術を伝えた。明治七年、西條村（現・長野市松代町西条）に建設された日本初の民営機械製糸場六工社の創業に参画する。その後招かれて須坂や長野でも教えた。英は和田盛治の妻となるが、晩年に『富岡日記』を著している。

六工社は、わが国初の民間による蒸気式の製糸場で、明治七年、旧松代藩の士族大里忠一郎らによって開業した。大里らは禄を失った士族への授産事業として製糸場の設立を思い立った。

和田英

六工社製糸場之図

大里は実際に富岡に出向き、蒸気式製糸の将来性に着目し、伝習生を富岡に派遣して技術を学ばせた。しかし、大里の計画は周囲の反対もあってなかなかすすまなかった。そんな折、埴科郡の大区長であった横田数馬が協力を申し出たのである。

横田の尽力で、春山喜平治・増沢理助・土屋直吉・中村金作・宇敷政之進・岸田由之助の六人と大里忠一郎で西條村六工に五〇人繰りの製糸場を開業したのである。ここでは官立の富岡製糸場で学んだ横田（和田）英や貝沼房太郎が指導した。その後六工社は明治十五年、松代町殿町に一三一人繰りの工場を設立した。

松代にはほかにも明治十六年創立の松代製糸（のちに六文銭と改称）、明治二十一年創立の松城館、明治三十九年創立の窪田館などの製糸場があった。

英の弟が大審院長をつとめた秀雄である。文久二年（一八六二）に生まれ、明治二十一年、帝国大学法科（のち東京大学法学部）を卒業。判事となった。大正十二年（一九二三）には大審院長に就任し、昭和二年までつとめた。退職後は明治大学学長、総長を歴任した。また、郷里松代に佐久間象山を顕彰する象山神社《ぞうざんじんじゃ》の建設に奔走した。象山神社は昭和十三年に完成した。秀雄は生前象山への熱い思いを次のように語っている。「七十五歳になった今日しなければならないことが二つある。その一つは同郷の先輩である佐久間象山先生のことで、神社建設のために狂奔していること、今一つは、今少し先生の事績を世間に発表したいこ

象山神社

と」（昭和十一年八月「文藝春秋」）。

横田秀雄は昭和十三年に七十七歳で死去している。

横田家兄弟は、英の弟の小松謙次郎が代議士となり、鉄道大臣をつとめたほか、同じく弟の俊夫も裁判官となっている。また、横田秀雄の長男は第四代最高裁判所長官の横田正俊である。百五十石取りという中級の藩士であった横田家の子弟たちは新たな時代の試練の中で、それぞれがおのれの生きる道を切り開いていったのである。

維新後の松代

明治二十一年（一八八八）五月一日、すでに開業していた直江津・関山間に続いて関山・長野間に鉄道が開業した。この鉄道はもともとが松代を通る計画であった。

信州に鉄道の建設が計画されたのは、東京と京都を結ぶ中山道幹線鉄道の路線としてであった。発案者はリチャード・ヴィッカーズ・ボイル、お雇い外国人である。日本の近代化のためには鉄道網の整備が不可欠であり、鉄道の建設と地域の開発を同時にすすめていくことが合理的な方法であると進言したのである。明治政府はこの案を採用し、明治十六年に工事の開始を決めた。

長野県内のルートは、軽井沢——小諸——上田付近——丸子——保福寺峠——松本——木曾——中津川ということになった。しかし、この中山道幹線鉄道は山間地を通るため莫大な建設費がかかることがわかり、明治十九年には幹線鉄道の路線は東海道沿いに変更され、実現することはなかった。この時改めて政府によって計画されたのが直江津・高崎間の工事であった。

信越線の建設は決まったが、ここで問題となったのはそのルートであった。当初は松代経由で建設することが予定されていた。しかし、地元の猛反対で長野経由に変更されたというのだ。その理由として、鉄の塊の化け物が町を通ることに町民が反対したからだとか、蒸気機関車の出す煙で桑畑が枯れてしまうからだとかいうことが今でもまことしやかに語られている。

しかし、現在記録として残っている限りにおいては、信越線が長野経由で建設されるようになった経緯は、そういうことではないようだ。信越線の計画ははじめから何案かあった。ひとつは現在の路線、直江津——関山——牟礼——豊野——長野を通る旧北国街道沿いのコースである。もう一案は、浅野（豊野）——長沼——大豆島——松代——屋代の千曲川沿いのコースであった。ほかにも、須坂

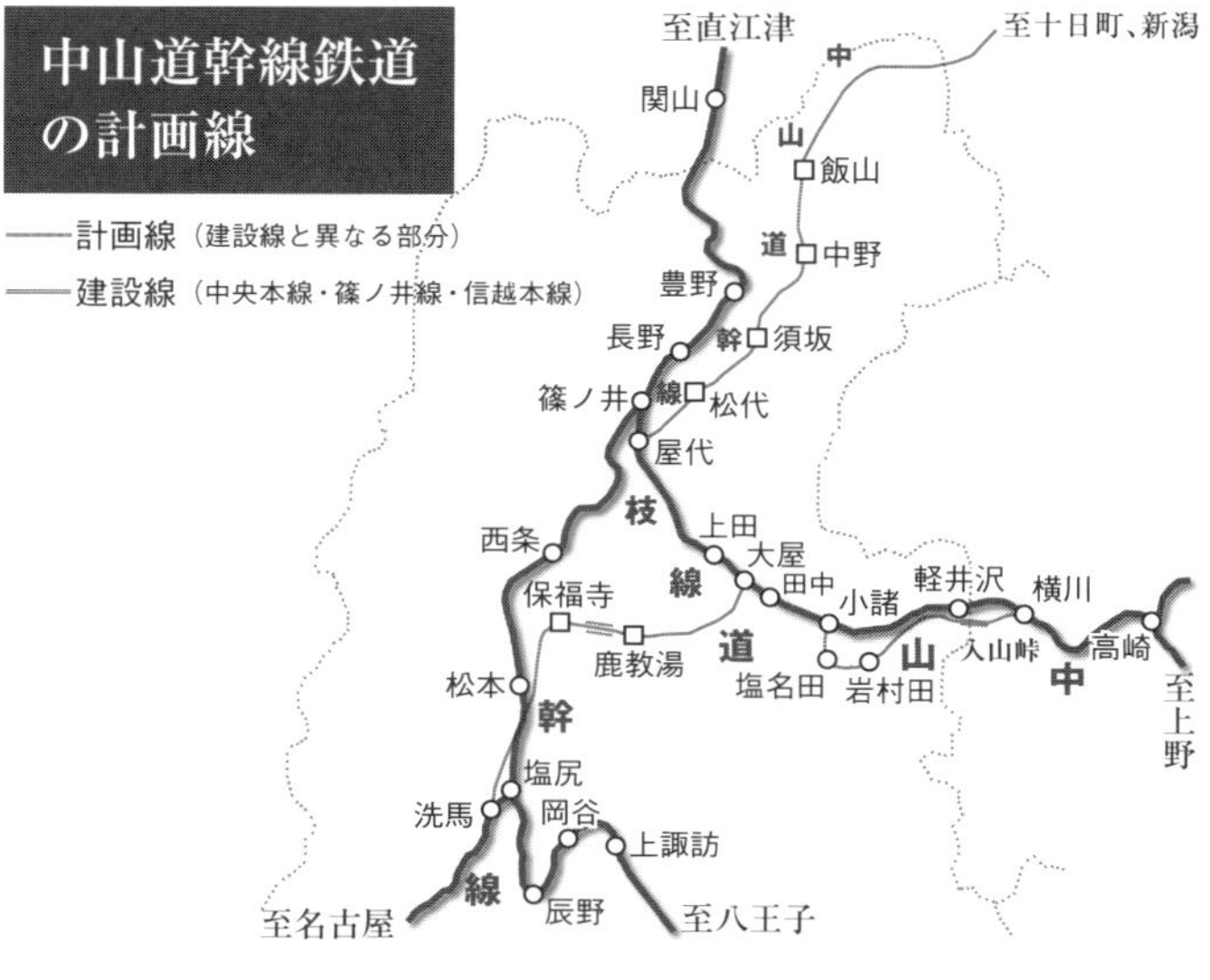

——中野——飯山を通る線も検討された。はじめは松代経由のコースが有力で、新聞にもそう報道されている。北国街道コースに比較して、川沿いのコースであるため、平坦でトンネルも少なくてすむという利点があった。しかし、平坦なのはいいのだが、千曲川が決壊した場合被害にあいやすいという大きな欠点もあった。結局それが決定的な要因となって、鉄道は長野経由に決まったのである。

鉄道開業の頃、地元が反対したため鉄道が通らなかったという言い伝えは松代だけではなく全国各地にある。鉄道の路線というのは国の方針と経済効率で決められたもので、地元の反対だ、賛成だなどというものが入り込む余地はなかったようだ。

鉄道から見放されたかたちとなった千曲川東岸の町や村の焦りは大きかった。松代や須坂は製糸業がさかんであったので、製品の出荷のために鉄道を求める声は日増しに高くなった。大正八年（一九一九）十月、埴科・上高井・下高井・下水内の町村が「信越河東鉄道期成同盟会」を結成した。

翌年五月には河東鉄道株式会社が発足した。社長には神津藤平が就任した。神津は北佐久郡志賀村（現・佐久市）の名家の出身で、佐久鉄道の相談役から大正九年河東鉄道の発足に伴い社長に就任した。その後長野電鉄の社長に就任してからは、多くの事業を手がけたが、神津の出身地の村の名を冠した志賀高原の開発には特に力を注ぎ、国内でも有数のスキー場に育て上げた。

旧長野電鉄松代駅

河東鉄道は、大正十一年六月十日、屋代――須坂間二四・四キロが開業した。翌年には信州中野までが開業し、十四年には木島までが全通した。長く河東地方の幹線として多くの旅客や貨物を運んだが、自動車が交通の主役となってその輸送量は徐々に減少していった。平成十四年（二〇〇二）に、中野―木島間が廃線となり、平成二十四年四月一日に屋代―須坂間も廃止となり、松代は再び鉄道の通らない町となった。

これも松代

城下町松代の恩人
長岡助次郎

長岡助次郎は、明治四年（一八七一）に松代に生まれ、松代小学校の美術・音楽の教師を長くつとめたが、その傍ら忘れられつつあった城下町の文化に情熱を傾けて取り組んだ人であった。美術・音楽という自分の得意分野を生かし、松代雅楽や大門踊りの復興に努めた。松代雅楽は、藩主幸貫の時にもたらされ、明治維新まで続いていたが、その後絶えていた。助次郎は松代雅楽協会を作り、その復興に努めた。

大門踊りは、松代天王祭の余興として踊られたもので、藩主が祭りを観覧して城に帰るとき、城の大門前で藩主に披露した踊りであったことから大門踊りと呼ばれるようになった。維新後は踊られることがなくなっていたが、大正十年（一九二一）の松代開府三百年を記念し、助次郎らが古老を訪ね歩いて復活させたものである。

大門踊（三村晴山筆「松代天王祭図巻」より）

明治三十一年に松代尋常小学校で教育展覧会が行われたが、助次郎は「御殿出品の室」の担当となり、旧藩時代の真田家の道具などを展示した。その展覧会の図絵を助次郎が描いているが、写実的で美しい色彩を使い、その特色を見事に描ききっている。

展覧会図絵（長岡助次郎筆）

その後、大正七年には真田家伝来の宝物類の整理にも参加し、詳細な記録を残している。また、松代城絵図や焼失した花の丸御殿の模型も製作している。

現在の真田宝物館展示のもとを作ったのも助次郎であるとのことで、今に残る城下町松代の文化は助次郎によって発掘され、伝えられたといっても過言ではない。

これも松代

松井須磨子

松井須磨子は、明治十九年（一八八六）七月二十日に埴科郡清野村（現・長野市松代町清野）に旧松代藩士小林藤太の五女として生まれている。

本名は正子。九人兄弟の末っ子であった。六歳の時、上田の長谷川家の養女となるが、養父が死去したため実家に戻った。しかし、実父も亡くなったため十六歳で上京、十七歳で結婚するが、翌年離婚。二十二歳で同郷の埴科坂城町出身の前沢誠助と再婚する。翌年女優になることを決意して文芸協会演劇研究所に入所している。

文芸協会は坪内逍遙が主宰していたが、実質的な中心人物はヨーロッパ帰りの島村抱月であった。

正子は明治四十四年五月に帝国劇場での文芸協会第一回公演「ハムレット」でオフェリア役に抜擢された。この時、芸名を故郷松代にちなんで松井須磨子としている。続いて九月には「人形の家」のノラ役を演じ、これが大評判となり、松井須磨子はスターへの道を歩みはじめた。

しかし、妻子ある島村抱月との恋愛が表面化し、須磨子の文芸協会での立場は微妙なものとなる。やがて文芸協会より論旨退会の処分を受け、抱月とともに芸術座を旗揚げする。大正三年（一九一四）、トルストイ作、島村抱月脚色の「復活」でカチューシャ役を演じる。この劇の中で唄われた中山晋平作曲の「カチューシャの唄」は爆

松井須磨子自殺

覚悟す

近代劇の第一人者

悲惨事

其一歩

急遽上京した母

漂泊の歌

大正8年1月6日付『信濃毎日新聞』

発的な人気を呼び、松井須磨子の名は全国に知られるようになった。

　大正七年、島村抱月は流行中のスペイン風邪にかかり急死する。翌年一月五日、松井須磨子は抱月の後を追うように縊死をとげた。島村と不倫関係にあった須磨子は、島村の墓に一緒に埋葬されることを望んでいたが、抱月の妻に拒まれた。墓は長野市松代町清野の生家の裏山にある小林家墓所にある。

　死の翌日の『信濃毎日新聞』は、八段抜きでそのニュースを伝えている。「女性としては近代劇の第一人者」という中村吉蔵の談話を紹介した大きな見出しが印象的であった。


　大正四年の長野公演は、須磨子が人気絶頂の時に行われたまさに凱旋公演であった。

　七月二日から長野市の三幸座で公演を行っている。三幸座は善光寺の北側にあった常設の芝居小屋で明治時代になっての開業であった。開業当時は常磐井座といっていた。出し物は「その前夜」「顔」「サロメ」

松井須磨子演劇碑（林正寺）

の三本で、いずれも松井須磨子が主演をつとめた。

　長野公演に先立って、六月二十八日に須磨子は単身長野を訪れている。ひいき筋への挨拶と、公演成功の根回しが来訪の主な目的だったようだ。時間をさいて清野村に住む母親の許を訪れた。母親とどんな話をしたのか。昼食を共に食べるとあたふたと帰っていったという。

　当時の『信濃毎日新聞』にこの帰郷のようすとその後の後援会幹部との晩餐会の模様が細かく報道されている。その中に「一万円の貯金を有している須磨子が、僅かに一五銭を奮発してガタ馬車で帰る。其処に彼女の面目が躍如しているではあるまいか」とか、抱月とのスキャンダルを報じた新聞記事に「まアこんな事どうして新聞社の方には知れるのでせうと顔色一つ変もせず平気で言う度肝の太さ」とかいった揶揄したような表現がある。島村抱月との不倫愛が世を騒がせていた時であった。

　須磨子の新しさはなかなか故郷では理解されなかったようである。

これも松代

幻に終わった松代大本営

象山神社より神田川に沿って十分ほど歩いた場所に松代大本営跡象山壕の入り口がある。太平洋戦争末期、大日本帝国の国家中枢機能を長野県北部の長野市周辺に移転しようという計画があった。

計画は極秘裏にすすめられたため、戦後になってもその全貌はなかなか明らかにならなかったが、現在判明している計画は次のようなものである。

松代町の象山・舞鶴山・皆神山に三カ所の地下壕をつくり、象山地下壕には政府・日本放送協会・中央電話局を建設し、舞鶴山地下壕には皇居及び大本営、付近の地上部にはコンクリート製の天皇御座所・皇后御座所・宮内省の建設が予定された。また、皆神山地下壕は備蓄倉庫として利用される予定であった。そのほかに、現在の須坂市の鎌田山には送信施設、長野市松代清野の妻女山には受信施設、長野市茂菅の善光寺温泉や善白鉄道のトンネル跡には皇族の住まいの移設が計画された。長野市松岡の長野飛行場は陸軍により拡張工事がすすめられた。

地下壕鳥瞰図

昭和十九年（一九四四）七月にサイパン島が陥落、本土決戦が現実味を帯びてきた。この月の閣議で東條内閣は松代への重要機関移転のための工事の開始を了承した。

建設地として松代が選ばれた理由は、

一、本州でも最も幅の広い場所であり、松代はだいたいその中心部にあたる。

一、岩盤が固く、一〇トン爆弾の爆撃にも耐えられる。

一、周囲を山に囲まれており、しかも地下工事を行うのに十分広い平野部もある。

一、長野県は軍需工場も少なく、労働力が豊かである。

一、信州人は心が純朴で、秘密の保持ができる。

一、信州は神州に通じ、大本営の場所にふさわしい。

ということであった。

この工事は「松代倉庫」の工事の名目で

極秘裏に進められたが、ここに大本営がつくられること、天皇陛下がやって来るという噂はいつのまにか広まったようである。

昭和十九年の十一月に象山で最初の発破が行われ、工事が開始された。工事には七〇〇〇人の朝鮮人労働者と三〇〇〇人の日本人労働者が徴用され、八時間三交代、のちには十二時間二交代で夜を徹して行われた。朝鮮人労働者は日本国内あるいは朝鮮半島から強制的に連行され工事にあたった。また、当時の屋代中学・松代商業の生徒も学徒動員され、掘り出された土砂の運搬に当った。

当時の金額で二億円が投入されたという工事であったが、昭和二十年八月十五日の敗戦により中止となった。七五パーセントと、ほぼ完成していたという。

昭和二十二年、舞鶴山のコンクリート庁舎には気象庁（当時は中央気象台）の地震観測所が設けられ、地下壕には地震計が設置された。また、昭和四十年から発生した松代群発地震観測のために、舞鶴山の旧宮内省庁舎は松代地震センターが設置された。

昭和四十二年には当時の篠ノ井旭高校沖縄戦研究班（現在の長野俊英高校郷土研究班）の高校生が市に訴え、象山地下壕の一部が一般公開されることになった。

象山地下壕

入口付近

内部

エピローグ

松代藩のいま

長野県歌「信濃の国」は明治三十二年（一八九九）に浅井洌の詞に北村季晴が曲をつけてできたものである。六番まである長い歌だが、五番にはこんな歌詞がつけられている。

旭将軍義仲も　仁科の五郎信盛も
春台太宰先生も　象山佐久間先生も
皆この国の人にして　文武の誉れたぐいなく
山と聳えて世に仰ぎ　川と流れて名は尽きず

長野県（信濃の国）出身の四人の偉人を取り上げ、「文武の誉れたぐいなく」とその業績を顕彰しているのだが、象山以外の三人についてはいささかの注釈が必要であろうと思う。

木曾義仲は、八幡太郎義家の四代目の孫にあたる。木曾山中で育ち、以仁王《もちひとおう》の平家追討の令旨に呼応して挙兵、いち早く平氏を破り都に上がったが、後白河法皇にうとまれ、源義経によって近江粟津で敗死した。

仁科五郎盛信は、武田信玄の五男で、勝頼は異母兄に当たる。信州高遠城の城主であったが、織田信長に攻められて一族自害して果てた。仁科盛信ともいう。

太宰春台は、飯田藩士の子として飯田城下に生まれた。江戸に出て荻生徂徠に入門し、儒者として名を成した。忠臣蔵の浅野内匠頭の行為を短慮として批判したのは有名。

そして、佐久間象山である。

信州では県歌に歌われ、松代には神社まである佐久間象山であるが、現代におけるその評価は必ずしも高くはない。理由はいろいろあるだろうが、勝海舟の次のような象山評が影響しているということも否定はできない。

「佐久間の方はまるで反対で、顔つきからしてすでに一種奇妙なのに、平生どんすの羽織に古代模様のはかまをはいて、いかにもおれは天下の師だというように厳然とかまえこんで、元来勝ち気の強い男だから漢学者がくると洋学をもっておどしつけ、洋学者がくると漢学をもっておどしつけ、ちょっと書生が尋ねてきても、じきにしかりとばすというふうで、どうも始末にいけなかったよ」

明治二十年代に語られた、海舟の維新の英傑談は、大いにもてはやされたようだ。現代でも、テレビドラマなどに登場する佐久間象山のキャラクターは、この域を出ていない。

さらに、象山人気を悪くしているのは、吉田松陰との関係である。松陰にとっては象山は師である。松陰が下田踏海事件で自首した時、象山も示唆した罪で取り調べを受けた。

松陰ははじめから確信犯であったのに対し、象山はその罪を逃れようとしたというのである。

これに対し、松本健一氏は「(象山は) 松陰たちに西洋に渡ることを勧めたのは、国禁を犯すためではなく、むしろ国を救うためである、と包み隠さず述べているのです」(『維新の精神——松本健一講演集』) と象山を擁護している。しかし、長年染み付いた俗説というのは恐ろしいもので、象山は卑怯者というレッテルがいまだにはがれずにいるのである。

私は同じ信州人として佐久間象山の評価の低さがなんとも残念でたまらなかった。しかし、調べをすすめていくうちに、海舟にしても松陰にしても、同時代に親しく象山に接した人々は深い敬愛の念を抱いていることがわかってきた。それについての詳細は本文に記した。

そんな象山は、松代の地に突然変異のように生まれたわけではなく、文武をともに尊ぶという藩祖真田信之以来脈々と受け継がれてきた伝統があったからである。それは松代藩の歴史を太く貫くバックボーンである。

幕末から明治にかけて、佐久間象山・和田英・横田秀雄といった近代日本を切り開いた有能な人材が輩出したのが松代藩であり、六工社という国内初の蒸気式製糸場をつくり、わが国の製糸業の草分け的な存在となったのも旧松代藩士たちであった。そんな伝統をもちながら、明治からのちの松代は長く停滞の中にあった。

その停滞していった原因として鉄道に恵まれなかったからだということがいわれている。念願の河東鉄道の開業は大正十一年(一九二二)のことである。長野駅の開業が明治二十一年だから、約三十年の遅れをとったことになる。しかも、それは私鉄であり、県庁のある長野と直接結ばれる鉄道ではなかった。

さらに松代が発展できなかったのは、産業構造の問題もあった。松代の産業といえば、旧藩士の授産事業としてはじまった製糸業があるが、県内の岡谷や須坂などに大規模な製糸工場が稼働しはじめると奮わなくなり、昭和の大恐慌がそれに拍車をかけた。

商業においても、隣の長野が周囲の山間部からの麻や紙、川中島地方の菜種油などの集散地として商人たちは財を成していったのに対し、旧瀑時代からの御用商人的な商法がその発展を阻害したといわれている。

そんな松代が再び注目されるようになったのは、高度成長後の新しい観光のあり方として、回遊して楽しむ、面としての観光が提唱されてからであった。屋代で北国街道から分かれて、松代――須坂――小布施と結ぶいわゆる谷街道は、かつては越後と江戸を結ぶ主要な道であった。この道が「北信濃ろまん街道」と名付けられ、沿線の町の特色を生かした新たな観光ルートとして喧伝《けんでん》されるようになったのだ。小布施が北斎と栗の町、須坂が蔵の町であるのに対し、松代は城下町とその文化が大きな観光資源として着目されたのである。

松代の町には、武家屋敷をはじめ城下町の面影が今でも随所に残されている。また、信之以来の真田家の宝物を収蔵した宝物館もある。そして、先人たちの業績を守り育てていこうとする文化も深く根付いているのである。そういった建造物や宝物だけではなく、松代藩が生んだ先駆者、恩田木工・佐久間象山・和田英・横田秀雄、時代を下っては松井須磨子・作曲家の海沼実・海軍中将栗林忠道といった人々の精神を学び、それを次の時代に伝えていこうという無形の営みも行われている。

あとがき

本書執筆中の二〇一二年四月一日、長野電鉄屋代線（旧河東線）が廃止となった。松代に通うたびに通っていた踏切の遮断機は撤去され、一時停止の必要がなくなった。そんな時に廃止を実感するというのも皮肉な話だ。近年この線は利用者が少なくなり、私も学生時代に何度か乗っただけで、最近は利用することもなかった。

その名の通り、千曲川の東岸を屋代――松代――須坂と結んでいたこの路線は、長野市の一部となった松代にとっては利用価値の少ない路線であったのかもしれない。しかし、この鉄道を建設した時の先人たちの情熱を思えば、鉄路として全国につながる道は残しておきたかったという思いは強い。

小県の小豪族にすぎなかった真田氏は、戦国の世に各地に張り巡らした情報網を駆使し、群雄割拠する中に頭角を顕し、ついには近世大名にまで上りつめた。

ここ松代に生まれた佐久間象山は、日夜裏山の象山に登り、重なり聳える山の彼方に広がる世界に思いを馳せたのだという。

山国にありながら、真田、そして松代は常に目を全国にそして世界に向けていた。そのことはこの松代藩史を執筆している間、常に感じていたことである。そして、現在の松代の人たちもそれを誇りとし、それを伝えていこうとしているように思われる。ためしに町を少し歩いてみればそれはわかる。町のガイドをしてくれるボランティアの人たちがおり、町中にはＮＰＯ法人の事務所があり、さまざまな町おこしに取り組んでいる。行政に頼ることなく、自分たちの町の歴史や文化を伝えていこうとする人たちがいることは松代にとって頼もしいことのように思われる。

昨年末、現代書館の菊地泰博社長から「シリーズ藩物語」の一冊として松代藩の歴史をという依頼を受けた。もとより私は学者ではないから、学術的な論文を書くだけの力はないし、にわか勉強の私には荷が重すぎるのではないか躊躇したのであるが、菊地社長からの「物語として楽しく読んでいただける本をつくりたい」という言葉に勇気づけられ、なんとか書き継ぐことができた。松代藩や松代藩が生んだ人物については、多くの方々の優れた研究があり、それらを踏まえながらいささかの私見を述べたのが本書である。本文の中にはいちいち参考文献を明示してないが、巻末にまとめさせていただいた。これらの論考を読む前の入門書的な本として、楽しみながら読んでいただけたなら幸いである。

参考文献

更級埴科地方誌刊行会『更級埴科地方誌　第三巻　近世編上』(更級埴科地方誌刊行会・一九八〇年)
更級埴科地方誌刊行会『更級埴科地方誌　第三巻　近世編下』(更級埴科地方誌刊行会・一九八一年)
更級埴科地方誌刊行会『更級埴科地方誌　第四巻　現代編』(更級埴科地方誌刊行会・一九六七年)
長野市誌編さん委員会・編『長野市誌　第二巻　歴史編　原始・古代・中世』(長野市・二〇〇〇年)
長野市誌編さん委員会・編『長野市誌　第三巻　歴史編　近世一』(長野市・二〇〇一年)
長野市誌編さん委員会・編『長野市誌　第四巻　歴史編　近世二』(長野市・二〇〇四年)
小林計一郎監修『北信濃の歴史　上・下』(郷土出版社・一九九五年)
小林計一郎『わが町の歴史・長野』(文一総合出版・一九七九年)
田中誠三郎『松代の歴史』(北信民報社・一九七二年)
長野市民新聞編『川中島の戦いと北信濃』(信濃毎日新聞社・二〇〇九年)
笹本正治『戦国大名と信濃の合戦』(一草舎・二〇〇五年)
笹本正治『武田信玄』(中公新書・一九九七年)
腰原哲朗訳『甲陽軍鑑　上・中・下』(教育社新書・一九七九年)
東信史学会編『真田一族の史実とロマン』(東信史学会・一九八五年)
青木歳幸『シリーズ藩物語　上田藩』(現代書館・二〇一一年)
真田淑子『家の譜』(風景社・一九九四年)
笠谷和比古校注『日暮硯』(岩波文庫・一九九一年)
奈良本辰也『日暮硯紀行』(信濃毎日新聞社・一九九一年)
松本健一『評伝佐久間象山　上・下』(中央公論新社・二〇〇〇年)
徳富蘇峰『吉田松陰』(岩波書店・一九八四年)
青木孝寿・上條宏之『長野県の百年』(山川出版社・一九八三年)

協力者

長野市教育委員会
長野市役所松代支所
群馬県みなかみ町観光課

田中博文（たなか・ひろふみ）
一九四九年、長野県松本市生まれ。出版社勤務を経て、出版・編集工房光風舎を設立。
著書に『信州はじめて物語』（郷土出版社）、『こんなにもある善光寺のなぞ』（一草舎）、『信州の廃線紀行』（郷土出版社・共著）、『昭和のはじめ長野の町』（光風舎・編著）など。

シリーズ藩《はん》物《もの》語《がたり》 **松代藩《まつしろはん》**

二〇一二年九月十五日　第一版第一刷発行

著者――田中博文
発行者――菊地泰博
発行所――株式会社 現代書館
東京都千代田区飯田橋三―二―五　郵便番号 102―0072　http://www.gendaishokan.co.jp/
電話 03―3221―1321　FAX 03―3262―5906　振替 00120―3―83725
組版――デザイン・編集室 エディット
装丁――中山銀士＋杉山健慈
印刷――平河工業社（本文）東光印刷所（カバー・表紙・見返し・帯）
製本――越後堂製本
編集――二又和仁
編集協力――黒澤　務
校正協力――岩田純子

 ISBN978-4-7684-7131-9

江戸末期の各藩

松前、八戸、七戸、黒石、**弘前**、**盛岡**、**一関**、秋田、亀田、本荘、秋田新田、仙台、松山、**新庄**、**庄内**、天童、長瀞、**山形**、上山、**米沢**、米沢新田、相馬、福島、**二本松**、三春、**会津**、守山、棚倉、平、湯長谷、泉、**村上**、黒川、三日市、**新発田**、村松、三根山、与板、**長岡**、椎谷、**高田**、糸魚川、松岡、笠間、宍戸、水戸、下館、結城、**古河**、下妻、府中、土浦、麻生、谷田部、牛久、大田原、黒羽、烏山、喜連川、**宇都宮・高徳**、壬生、吹上、**足利**、佐野、関宿、高岡、佐倉、小見川、多古、一宮、生実、鶴牧、久留里、大多喜、請西、飯野、佐貫、勝山、館山、岩槻、忍、岡部、川越、沼田、前橋、伊勢崎、館林、高崎、吉井、小幡、安中、七日市、飯山、須坂、**松代**、**上田**、**小諸**、岩村田、田野口、**松本**、諏訪、**高遠**、飯田、金沢、荻野山中、小田原、沼津、小島、田中、掛川、相良、横須賀、浜松、富山、加賀、大聖寺、郡上、高富、苗木、岩村、加納、大垣、高須、今尾、犬山、挙母、岡崎、西大平、西尾、吉田、田原、大垣新田、尾張、刈谷、西端、長島、**桑名**、神戸、菰野、亀山、津、久居、鳥羽、宮川、彦根、大溝、山上、西大路、三上、膳所、水口、丸岡、勝山、大野、**福井**、鯖江、敦賀、小浜、淀、新宮、田辺、紀州、峯山、宮津、田辺、綾部、山家、園部、亀山、福知山、柳生、柳本、芝村、郡山、小泉、櫛羅、高取、高槻、麻田、丹南、狭山、岸和田、伯太、豊岡、出石、柏原、篠山、尼崎、三田、三草、明石、小野、姫路、林田、安志、龍野、山崎、三日月、赤穂、鳥取、若桜、鹿野、津山、勝山、新見、岡山、庭瀬、足守、岡田、岡山新田、浅尾、松山、鴨方、福山、広島、広島新田、高松、丸亀、多度津、西条、小松、今治、松山、新谷、大洲、吉田、**宇和島**、徳島、**土佐**、土佐新田、**松江**、広瀬、母里、浜田、津和野、岩国、徳山、長州、長府、清末、小倉、小倉新田、福岡、秋月、**久留米**、柳河、三池、蓮池、唐津、**佐賀**、小城、鹿島、大村、島原、平戸、平戸新田、中津、杵築、日出、府内、臼杵、**佐伯**、森、**岡**、熊本、熊本新田、宇土、人吉、延岡、高鍋、佐土原、飫肥、薩摩、対馬、五島（各藩名は版籍奉還時を基準とし、藩主家名ではなく、地名で統一した）

★太字は既刊

江戸末期の各藩
（数字は万石。万石以下は四捨五入）